KB206010

하나님
나라를 품은
공동체

일러두기

· 본문에서 사용된 우리말 성경은 개역개정판 성경을, 영어 성경은 NIV 성경을 사용
  했습니다.
· 본문에 사용한 문장부호 중 『 』는 단행본, 「 」는 보고서, 그림, 찬양, 《 》는 시리즈,
  〈 〉는 프로젝트를 의미합니다. [ ]는 문장의 이해를 돕기 위해 보충적인 내용을
  덧붙일 때 사용되었습니다.

건강한 교회 세우기 시리즈

실전편 2 : 공동체 차원

하나님 나라를 품은 공동체

*

그리스도의 제자 공동체 어떻게 키워가는가

한국교회 희망 프로젝트 기획

고원석·김지혜 지음

크리큠북스

✦

한국교회가 침체 국면을 맞고 있다. 부흥기를 경험했던 한국교회 구성원의 대부분은 현재의 상황이 당황스럽기만 하다. 이러한 때 《건강한 교회 세우기》 시리즈의 발간은 고마운 일이 아닐 수 없다. 『하나님 나라를 품은 공동체』는 교회를 목적이 아닌 하나님 나라를 향하는 과정으로 이해하면서, 하나님 나라 비전의 회복, 하나님 나라 언어로 소통, 하나님 나라의 거룩함 구현, 그리고 하나님 나라의 방식 연습 등 4가지로 구성되어 있다. 하나님 나라를 진작해야 할 교회가 오히려 걸림돌이 되고 있는 상황에서, 이 책을 통해 한국교회가 하나님 나라를 향해 바르게 서기를 원한다.

_김운성(영락교회 담임목사)

애정 없는 날선 비판과 알맹이 없는 희망담론이 난무하는 시대이기에 이 책이 권하는 알찬 희망이 반갑다. 하나님 나라 신학에 깊이 뿌리내리면서도, 현대인의 언어로 풀어내는 감각과 무기력해진 그리스도인들을 질책하기보다 부드럽게 일깨우며 초청하는 배려가 돋보인다. 『하나님 나라를 품은 공동체』는 하나님과의 개인적인 관계가 소중하지만 그 신앙은 공적으로 표현될 수밖에 없으며, 이 둘을 매개하는 것이 신앙 공동체임을 일깨워 준다. 이 책을 읽으면서 하나님 나라의 꿈으로 다시 설렐 이들의 상기된 얼굴과 힘찬 발걸음이 그려진다.

_박영호(포항제일교회 담임목사, 미래목회와말씀연구원장)

위기의 때에는 늘 교회를 건강하게 세우기 위한 아름다운 '헌신들'이 있어 왔다. 『하나님 나라를 품은 공동체』는 그러한 헌신들 중 하나임이 분명하다. 건강한 교회의 비결은 하나님 나라에 있다. 하나님 나라를 꿈꾸고 하나님 나라의 이야기를 뜨거운 가슴으로 공유하며 살아냄으로 건강한 교회를 이룰 수 있다. 《건강한 교회 세우기》 시리즈의 이론편인 『하나님 나라, 공동선, 교회』가 하나님 나라에 대한 이론적 토대를 탄탄하게 제시한다면, 이 책은 '어떻게'에 대한 물음에 명쾌한 해답을 준다. 이 책을 함께 읽고 나누고 또 실천하는 이들을 통해 하나님 나라를 품은 건강한 교회가 세워질 줄 믿는다.

_이창호(장로회신학대학교 기독교와문화 교수)

차례

시작하며:
하나님 나라의 온전함을 향하여

✦ 교회에 희망이 있습니까?

한국교회는 20세기 후반에서 21세기 초반에 이르기까지 세계에서 가장 폭발적인 성장을 이룬 교회입니다. 그런데 그런 한국교회가 21세기를 지나며 위기를 맞고 있습니다.

교회의 위기는 교회 내 갈등, 교회 지도자와 성도의 삶의 모습, 교단이나 연합기관들의 문제를 주목할 때 더욱 확연하게 드러납니다. 내부적으로는 교인 수의 감소와 더불어 시대적으로 개인의 삶에 집중하는 문화가 확산되면서 공동체에 대한 헌신이 약화되고, 교회 규모의 간극이 심해지며, 지나친 정치화로 인한 교단과 총회 등 교회 기구에 대한 불신이 늘어나고 있습니다. 외부적으로는 대사회적 공신력이 하락하며 부정적 이미지가 커지고 있습니다. 더욱이 코로나19에 책임적으로 응답하지 못하면서 교회의 신뢰도와 영향력은 심각한 타격을 입었습니다. 저는 이 모든 징후를 통틀어 **교회의 건강성 위기**라고 해석합니다.

안타깝게도 이러한 위기는 일시적인 요인으로 인한 것이 아닙니다. 한국교회가 120년간 이룬 폭발적인 성장에 따른 후유증들을 외면한 결과입니다. 코로나19를 계기로 오랜 시간 쌓여 왔던 문제들을 압축적으로 마주하고 있는 것입니다.

위기의 근본적인 원인은 **신앙**에 있습니다. 교회가 교회답지 못해서, 신앙인이 신앙인답지 못해서입니다. 신앙인 개인, 신앙 공동체로서의 교회, 또한 사회적 기구와 제도적 구조의 차원에서 신앙인과 교회는 신앙인다움과 교회다움을 나타내지 못하고 있습니다. 그로 인해 세상으로부터 '사회적, 정치적 공공성이 부족하다'라는 비판을 받고 당혹감과 열패감을 느끼고 있는 것이 교회의 현실입니다.

신앙이 좋다는 것과 그리스도의 제자가 된다는 것의 인식과 도전이 부족했음을 이제 여실히 깨닫습니다. 동시에 신앙인이 모인 공동체로서의 교회는 어떻게 운영되며, 사회적, 제도적 기구로서의 교회는 어떠한 역할을 하여야 하는지에 대한 합의가 이루어지지 않아 혼란스러운 상황입니다.

✛ 아직 희망은 있습니다!

한국교회는 여전히 양적·질적인 면에서 상당한 역동성과 잠재력을 가지고 있습니다. 인적·물적 자원도 결코 적지 않습니다. 세계 선교에서 한국교회는 섬김의 영향력을 끼칠 수 있는 몇 안 되는 교회로 변함없이 중요한 위치를 차지하고 있습니다. 수백만 명의 신앙인들이 교회를 중심으로 예배하고 교육받으며 나름대로 봉사에 힘쓰고 있습니다. 무엇보다 우리에게는 지난 수십 년간 한국교회에 은혜를 부어 주신 하나님이 계십니다. 이순신 장군의 '12척의 배'보다 훨씬 많은 자원을 '은혜의 선물'로 허락하신 주님이 오늘도 우리와 함께 하십니다.

　이토록 풍성한 은혜Gabe를 허락하신 주님께 감사하며 그에 응답할 책무Aufgabe가 우리에게는 있습니다. 이제 교회의 위기를 직시하며 여러분과 함께 온전한 교회됨의 여정을 떠

하나님 나라를 품은 공동체

나고자 합니다. 그러기 위해서는 먼저 주님이 선물로 주신 '구슬 서 말'을 '하나로 꿰는' 심정으로 우리의 신앙을 점검하고 성숙·성화의 과정을 재촉해야 합니다. 그것이 온전한 신앙인, 온전한 교회 공동체, 온전한 사회적·제도적 기구로서의 교회됨을 향한 여정의 시작입니다.

✤ 우리의 비전: 하나님 나라를 향한 교회 바로 세우기

한국교회의 회복은 개별 교회나 교단의 이벤트, 단편적인 노력으로 이루어지지 않습니다. 우리가 받은 선물, 곧 영적·인적·물적 역량에 집중하여 건강한 교회를 소망하고, 시대와 호흡하여 사회가 신뢰하는 교회로 탈바꿈해야 합니다. 문화와 소통하며 문화를 변혁하여 하나님 나라에 참여하는 종말론적 교회로 거듭나야 할 것입니다.

그래서 우리는, 엄중한 문제의식과 명료한 분석을 거쳐 교회가 건강성을 회복하고 하나님 나라의 온전함을 세워 가고자 〈한국교회 희망 프로젝트〉를 실행하려고 합니다.

- 〈한국교회 희망 프로젝트〉는 '신앙인 개인', '신앙 공동체로서의 교회', '시민사회와 기독교 시민단체 등'이 하나님 나라 실현에 참여하는 사역의 지속적 주체가 되어야 함을 주장합니다.

- 이 기획은 특정 이념과 당파성에 치우치지 않아야 함을 전제로 합니다. 타인의 티끌을 보고 비판하는 대신 내 안의 들보를 보고, 거룩한 분노를 진정한 사랑에서 우러나오는 대안적 정의 제시와 실천으로 이끄신 예수 그리스도의 마음과 태도를 본받으려 합니다.

- 전환과 변화를 위해 현실 상황을 객관적으로 분석해야 할 것입니다. 이는 더 온전한 삶, 더 온전한 공동체, 더 온전한 교회를 만들어 가는 책임적 응답을 위해 반성적 성찰로 이어져야 합니다.

- 이러한 기획은 신학뿐 아니라 경제, 경영, 정치, 사회, 문화, 법률 등 다양한 영역과의 간학문적이고 융합적 협력을 필요로 하며, 그와 동시에 교회 현장에서 실제로 작동하는 실천적 지혜로 이어져야 합니다. 이 같은 관점에서 사회과학자 및 신학자들과 협업하여 개인의 신앙을 개인적/공동체적/사회적 기구와 제도의 차원에서 분석할 수 있는 지표와 지수를 개발하였습니다. 그 활용을 통하여 신앙의 현실을 살펴보는 데 도움받기를 기대합니다.

- 좋은 신앙인 됨과 좋은 시민 됨이 밀접하게 연계되어 있음을 전

제하여 신앙과 신학, 교회의 통전성을 지향합니다.

- 이 기획은 궁극적으로 건강한 교회됨을 통한 하나님 나라 참여, 즉 사회적 차원에서 공동선common good을 기르려는 것입니다. 사회의 여러 영역을 이해하고, 동역 기관들과 함께 공동선 함양을 위한 포괄적 목표와 연대의 방안들을 제시할 것입니다.

- 이를 통해 한국교회에 대한 신뢰를 회복하고 신앙인다운 신앙인, 교회다운 교회를 다시 세우는 것이 목표입니다. 또한 위기를 극복하여 희망을 보여 주는 교회로서 외국의 교회 및 유관 기관들과의 전략적 연대를 통하여 세계 교회와 국제사회에 이바지하는 선교적 섬김이 되기를 기대합니다.

이에 〈한국교회 희망 프로젝트〉는 《건강한 교회 세우기》 시리즈를 기획했습니다. 이 시리즈를 통하여 한국사회와 교회의 현실에 대한 위기 인식의 토대 위에, 교회의 교회다움의 전제로서 온전한 신앙인을 향한 여정을 개인적, 공동체적, 제도적이고 사회구성원의 차원에서 제시하려 합니다. 이것이 본 시리즈의 의도이자 목적인 동시에 내용입니다.

이 시리즈는 세 가지 면에서 다른 책들과 차별점이 있습니다. **첫째**, 건강하고 바른 교회가 세 가지 차원으로 이루어

• 건강한 교회의 세 차원 •

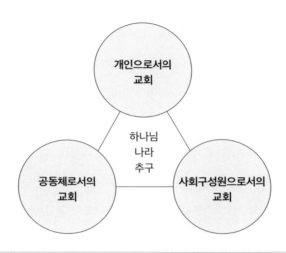

진다는 점을 강조합니다. 바로 신앙인다운 신앙인 됨, 공동
체로서의 교회됨, 지역적·사회적 기구로서의 교회됨의 차원
입니다. 이 세 영역 모두가 건강하게 발전하고 유기적으로
연결될 때 건강한 교회의 가능성을 모색할 수 있습니다.

그러므로 우리의 과제는 (1) 개인적 차원에서: 더욱 신앙
인다워짐, 즉 장성한 신앙인 됨, (2) 신앙 공동체 차원에서:
신앙인들이 모인 공동체다워짐, (3) 사회적 기구로서의 제
도적 차원에서: 사회적 공동선 추구에 모델이 되는 공공적

하나님 나라를 품은 공동체

기구로서의 교회됨을 이루는 것입니다. 목표는 '신앙인다운 신앙인'성숙한 신앙인 - '교회다운 교회'건강한 신앙 공동체 - '제도적 기구로서의 교회'가 서로 유기적 상관관계에 있음을 온전히 드러내는 것입니다.

둘째, 2022년 교회 출석자 1,000명과 가나안 성도 300명을 대상으로 실시한 개인·공동체·사회구성원으로서 교회의 건강성을 측정하는 '교회의 건강성 측정을 위한 조사'의 일부 문항을 분석하여 이론편 『하나님 나라, 공동선, 교회』 1부 한국교회 건강성 분석 리포트에 담았습니다. 또한 각 교회에서도 활용할 수 있도록 설문지를 책에 수록하였습니다. 설문의 결과는 비교나 평가가 아니라 교회 공동체가 하나님 나라의 온전함과 온전한 신앙인 됨을 이루어 가는 점검의 과정이어야 합니다. 이에 근거해 우리의 부족함과 나아가야 할 푯대를 확인하게 될 것입니다.

마지막으로 원론적인 개념서가 아닙니다. 실전편인 『나를 넘어서는 힘』, 『하나님 나라를 품은 공동체』, 『세상의 희망이 되는 교회』에 성경, 인문학, 교회의 사례와 토의 자료, 공동체 활동 등 여러 방면의 내용을 담아 공동체에서 실제로 활용할 수 있게 하였습니다. 특히 책에 등장하는 사례는

문자적으로 받아들이기보다 성령의 감동 가운데 상상력을 발휘해 읽어 주시기를 바랍니다. 건강한 교회를 세우기 위하여 여러 사례를 들여다보고 다양한 시도를 하는 과정을 통해, 실천적 변화를 꾀하는 데 현실적인 가능성을 탐색하고 삶과 교회를 재구성하여 교회를 더욱 온전하게 할 것입니다.

✛ 프로젝트의 구성

《건강한 교회 세우기》 시리즈는 건강한 교회를 이루는 세 영역의 성숙과 발전에 초점을 맞추어 총 네 권으로 구성됩니다.

　　이론편 『하나님 나라, 공동선, 교회』는 건강한 교회를 세우기 위한 신학적인 기초로서 하나님 나라에 대한 이해와 오늘날 세상에서의 교회의 과제, 현재 한국교회의 건강성을 확인하는 분석 보고서로 이루어져 있습니다. 목회자와 교회 리더들이 건강한 교회에 대한 이론적 이해를 정립할 수 있습니다. 또한 한국교회의 건강성 분석을 기초로 우리 교회

• 《건강한 교회 세우기》 시리즈의 구성 •

시작하며: 하나님 나라의 온전함을 향하여

↓

『하나님 나라, 공동선, 교회』 (이론편)		
건강한 교회의 이론적 기초: 하나님 나라, 공동선	건강한 교회의 세 가지 차원: 개인, 공동체, 제도와 사회구성원	교회의 건강성 점검 및 분석

↓ (실전편)

『나를 넘어서는 힘』		**『하나님 나라를 품은 공동체』**		**『세상의 선물이 되는 교회』**	
개인 차원		공동체 차원		사회구성원 차원	
기도	보기 위해 눈을 감다	→ 비전	하나님 나라의 비전에 설레다	→ 사명	교회, 섬기기 위해 세워지다
성경 읽기	읽으면서 익어간다	→ 이야기	하나님 나라의 언어로 말하다	→ 이웃	교회, 지역과 함께 성장하다
분별	분열의 덫 분별의 빛	→ 예배	하나님 나라의 거룩함을 누리다	→ 변화	교회, 하나님 나라를 맛보는 곳
대화	말이 통한다 맘이 동한다	→ 제자	하나님 나라의 방식을 연습하다	→ 희망	교회, 하나님 나라가 임하는 통로

↓

마치며: 성도다운 성도, 교회다운 교회

의 건강성을 확인할 수 있는 설문지 '교회의 건강성 측정을 위한 조사'가 포함되어 있습니다.

　다른 세 권은 건강한 교회를 이루어 가는 여정을 돕는 **실전편**입니다. 『나를 넘어서는 힘』은 교회의 첫 번째 차원, 즉 개인으로서의 교회를 건강하게 세우도록 합니다. '기도', '성경 읽기', '분별'과 '대화'의 과정을 통해 보다 성숙한 그리스도인으로서 리더십을 세워 나갈 수 있을 것입니다.

　『하나님 나라를 품은 공동체』는 교회의 두 번째 차원인 공동체로서의 교회를 보다 온전한 하나님 나라의 공동체로 빚어 가도록 합니다. 하나님 나라의 비전으로 하나 되고비전 공동체, 신앙의 언어를 통해 성장하며이야기 공동체, 예배 안에서 거룩을 경험하여 일상으로 확장시키고예배 공동체, 하나님 나라의 방식을 삶으로 일구어 나가는 제자로서의 삶을 살도록 격려합니다제자 공동체.

　『세상의 선물이 되는 교회』는 교회의 세 번째 차원, 곧 지역과 사회의 일원이자 세상의 빛과 소금으로서 부르심에 합당한 교회에 대한 내용입니다. 지역을 향한 '사명'을 인식하고, '이웃'과 함께 성장하며, 지역 안에서 '변화'된 교회를 통하여 하나님 나라가 임하기를 '희망'합니다.

네 권의 책은 서로 긴밀하게 연결되어 있으며 모든 내용은 최종적으로 온전한 신앙인 됨과 교회됨을 지향합니다.

성경은 '온전한 신앙인 됨'과 '온전한 교회됨'이 하나님 나라와 그 시민 됨에 속해 있음을 전제합니다.《건강한 교회 세우기》시리즈를 중심으로 한 다양한 모임이 만들어지고, 이를 통하여 **하나님 나라를 향한 교회 바로 세우기**에 동참함으로써 사회와 다음 세대에 희망을 불어넣는 신앙인과 교회가 되기를 소망합니다.

임성빈

이 책의 활용법

1. 하나님의 선물인 우리 교회가 더욱 교회다움을 회복하고
   그 교회를 이루는 우리가 더욱 신앙인다워지기를 바라며
   기도하는 마음으로 읽기를 바랍니다. 그 과정에서 주님이
   주시는 마음이 있다면 책이나 노트에 기록해도 좋습니다.

2. '생각의 편지'는 여러분에게 보내는 편지 형식의 글입니
   다. 'OO님'에 여러분의 이름을 넣어 읽어 주시기 바랍
   니다.

3. 혼자 읽어도 좋지만 최소 두 사람 이상 참석하는 모임이
   나 교회 공동체에서 함께 읽고 나누기를 권합니다. 특별

하나님 나라를 품은 공동체

히 소그룹 리더 모임, (예비)중직자 훈련 및 재교육 모임에서 사용한다면 이 시대를 향한 하나님의 뜻을 발견하고 교회를 더욱 건실히 세우는 데 도움이 될 것입니다.

4. 모임에서 책을 사용할 경우 다음 몇 가지를 참고하면 좋습니다.

● **준비**

인도자

· 《건강한 교회 세우기》 시리즈 중 이론편 『하나님 나라, 공동선, 교회』를 통해 하나님 나라 신학과 공동선에 대한 이해를 다지고, 수록된 '교회의 건강성 측정을 위한 조사' 설문을 실행하여 그 결과를 교육 방향과 연계해 이 책의 내용을 더욱 심도 깊게 나눌 수 있습니다(이 책 각 장의 '연관 설문' 참조).

· QR코드를 통해 〈한국교회 희망 프로젝트〉 사이트로 오셔서 컨설팅을 신청하시면 설문 분석 및 향후 목회 계획 수립에 도움을 드립니다.

참여자

- 이 책의 본문을 미리 읽고 각자 떠오른 생각과 질문에 대한 답을 정리해 오면 좋습니다.

● 진행

인도자

- 각 장을 한 번 혹은 두 번에 나누어 공동체 상황에 맞게 교육 모임을 진행할 수 있습니다.
- 인도자는 책의 내용을 요약한 후 몇 개의 질문을[저자가 중요하다고 표기(✦)한 질문을 중심으로 선별해 나누거나 모든 질문을 다뤄도 좋습니다.] 토의 주제로 선정해 참여자들이 자유롭게 이야기할 수 있도록 돕습니다.
- 참여자들이 토론할 때, 개인의 주장을 펴기보다 서로 지혜를 모으고 대화하는 것이 중요합니다. 따라서 인도자는 일방적으로 지식을 전달하고 해답을 주는 '선생님'이 아니라 소외되는 사람이 없는지 살피고 다양한 의견들이 어우러질 수 있게 돕는 '중재자'로 존재합니다.

다함께

- 토의하며 이야기한 내용을 비밀로 지켜 주세요. 이 신뢰가 있어야 솔직하게 나눌 수 있습니다.
- 모두에게 이야기할 기회를 주세요. 골고루 논의에 참여할 때 서로에 대한 이해와 배움이 깊어질 것입니다.
- 다른 사람의 이야기에 귀 기울여 주세요. 나와 의견이 다르더라도 존중해 주세요.

이 책을 읽을 때 이 세상과 교회를 향한 하나님의 뜻과 비전을 발견하고, 우리의 신앙과 한국교회에 새로운 변화가 시작되기를 바랍니다.

그리스도인들의 꿈,
하나님 나라를 펼치다

"하나님이 창조하신 모든 생명은
공동체로 존재하기 때문에 공동체로 살아야 하며,
그리스도 안에서 만물을 하나 되게 하신 하나님은
우리가 공동체로 살기를 원하신다."[1]

– 에버하르트 아놀드Eberhardt Arnold –

인터넷 네트워크로 사람과 사람, 사람과 기기, 기기와 기기가 연결되는 초연결 시대에 역설적이게도 고립과 외로움이 심각한 사회 문제로 떠오르고 있습니다. 영국의 경제학자이자 베스트셀러 작가인 노리나 허츠Noreena Hertz는 오늘날을 '고립의 시대'라고 말합니다. 스마트폰 사용이 늘고 비대면 기술이 발전하면서 네트워크가 더욱 촘촘해졌지만 오히려 정서적인 교감은 부족해지고 고립감을 느끼며 소외와 배제가 늘어나는 현실을 지적한 것입니다. 모든 것이 연결되어도 마음이 연결되지 않는다면 허무할 뿐입니다. 하나님이 홀로인 아담을 안타깝게 여기시며 그의 동반자를 지으셨던 것처럼(창 2:18-24) 하나님은 우리가 서로의 연약함을 채우고 마음을 나누며 어우러지기를 원하십니다. 모두가 공동체로 살아가기를 바라십니다.

여기서 공동체共同體란 공통의 목표, 가치, 비전과 문화를 공유하고 그것을 추구하는 사람들의 모임을 가리킨다는 점에서 단순히 군집이나 집단과 다릅니다. 공동체를 뜻하는 영단어 커뮤니티community는 '공통적인', '공유하는'이라는 의미의 라틴어 코무니스communis에서 왔는데, 코무니스는 com함께과 munis책임, 의무, 선물의 합성어입니다. 즉, 공동체는 함께 책임을 지고 선물을 주는 사람들, 나아가 서로에게 선물이 되는 모임이라고 할 수 있을 것입니다.

그리스도인은 예수 그리스도의 본을 따라 하나님 나라의 비전을 간직하며 살아가는 사람들입니다. 그리고 교회는 하나님 나라의 비전을 선물로 받은 그리스도인들이 모여 그

비전을 공유하며 세상 가운데 펼쳐 내는 공동체입니다. 그 점에서 건강한 신앙 공동체는

- 하나님 나라의 비전에 감동되어 그 나라를 꿈꾸며 소망하는 비전 공동체입니다.
- 하나님 나라의 언어를 배우며 성장하는 이야기 공동체입니다.
- 하나님 나라의 거룩함을 누리는 예배 공동체입니다.
- 하나님 나라의 방식을 연습하고 훈련하는 제자 공동체입니다.

이 책은 신앙 공동체의 (1) 비전 (2) 이야기 (3) 예배 (4) 제자화의 개념을 중심으로 구성되어 있습니다.

1장 '비전 공동체: 하나님 나라의 비전에 설레다'는 다양한 구성원들을 하나 되게 하고 이끌어 가는 하나님 나라의 비전을 교회 공동체 안에 세우는 것을 목적으로 합니다. 하나님 나라의 비전 수립은 건강한 신앙 공동체를 이루는 기초이자 토대이기 때문입니다.

2장 '이야기 공동체: 하나님 나라의 언어로 말하다'와 **3장** '예배 공동체: 하나님 나라의 거룩함을 누리다'는 세상을 살아갈 때 필요한 하나님 나라의 기본 역량을 갖추도록

합니다. 먼저 신앙의 언어입니다. 2장에서 우리는 현실에 순응하는 언어가 아니라 하나님 나라의 언어, 곧 현실과 미래를 창조하고 변화시켜 나갈 수 있는 창조와 약속, 임마누엘과 감사의 언어를 배웁니다. 그다음은 예배입니다. 3장에서 신앙 공동체는 예배를 통해 하나님 나라의 임재를 경험하고 거룩한 존재로서 일상의 삶을 살아갈 수 있다는 확신을 얻게 될 것입니다. 거룩을 경험한 사람은 세상과 다른 존재로서 자신을 발견할 뿐만 아니라 세상을 향한 사명을 깨닫게 됩니다.

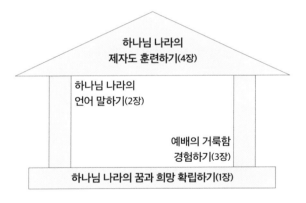

• 『하나님 나라를 품은 공동체』의 구조 •

4장 '제자 공동체: 하나님 나라의 방식을 연습하다'에서는 이제껏 깨닫고 익힌 것을 토대로 하나님 나라의 제자도를 훈련하여 하나님 나라를 품은 제자의 삶을 일궈 나가게 될 것입니다.

그렇다면 하나님 나라를 품는다는 것은 무엇을 의미할까요? 예수님이 가르쳐 주신 하나님 나라는 세 가지로 정리할 수 있습니다.

1. 하나님 나라는 **하나님이 다스리시는 나라**(통치)를 말합니다. 하나님 나라를 품는(다는) 것은 모든 일을 하나님의 관점에서 생각하고 하나님의 뜻에 비추어 행동하는 것을 의미합니다. 하나님 나라는 힘 있는 권력자에 의해 좌지우지되거나 누군가의 이익에 휘둘리지도, 오래된 관습에 얽매이지도 않습니다. 오로지 하나님의 뜻에 근거하여 모든 것이 이루어집니다. 마태복음 6장에서 예수님은 "아버지(하나님)의 나라가 임하옵시며" 구절 다음에 "아버지(하나님)의 뜻이 하늘에서와 같이 땅에서도 이루어지이다"라고 가르쳐 주셨습니다. 하나님 나라가 임한다는 의미는 곧, 하나님의 뜻, 하나

님의 다스림이 우리가 사는 세상에서도 이루어진다는 것입니다.

2. 하나님 나라는 **현재**를 말합니다. 하나님 나라를 품고 살아간다는 것은 지금 이곳에서 변화가 이루어지리라는 기대이자 확신입니다. 그래서 예수님은 천국이 어디 있느냐고 묻는 바리새인들에게 "하나님의 나라는 [지금] 너희 안에 있느니라"(눅 17:21b)고 말씀하셨습니다. 우리는 복음의 기적이 우리 삶의 한복판에서 일어날 것을 기대하며 하나님 나라를 품을 수 있습니다.

마지막으로 3. 하나님 나라는 **미래 사건**이기도 합니다. 하나님 나라는 이미 우리가 사는 이 세상에 시작되었지만, 아직 완성되지는 않았습니다. 우리가 하나님 나라를 품고 살아가야 하는 또 하나의 이유가 여기에 있습니다. 하나님 나라의 완성은 우리 손을 통해 이루어지는 것이 아니라 하나님이 하실 일입니다. 우리는 겨자씨처럼 미약한 존재로서 하나님 나라를 꿈꾸지만, 하나님은 이 작은 겨자씨의 싹을 틔우고 뿌리를 내려 커다란 나무가 되게 하실 것입니다(마 13:31-32).

그리스도인은 지금 당장 큰 변화가 일어나지 않더라도

실망하거나 포기하지 않습니다. 언젠가 주님이 다시 오실 때 아름다운 하나님 나라가 완성될 것을 믿기 때문입니다. 따라서 원대한 하나님 나라의 비전을 꿈꾸며 지금 할 수 있는 작은 일부터 시작합니다.

결국 하나님 나라를 품고 사는 것, 하나님 나라의 비전을 간직한다는 것은 미래에 완성될 하나님 나라의 모습을 오늘(현재)로 앞당기는 것을 말합니다. 이것을 선취先取한다고 표현합니다. 세상 사람들은 현재의 가능성을 바라보며 미래를 점치고 미래를 계획하지만, 하나님 나라를 꿈꾸는 그리스도인은 예수 그리스도가 완성하실 하나님 나라의 모습을 오늘로 앞당김으로써 이 땅에 하나님 나라를 실현하기 위해 노력합니다.

이 책의 내용을 읽고, 나누고, 실천하면서 여러분의 공동체가 하나님 나라의 비전을 품고 살아가는 건강한 교회가 되기를 꿈꿉니다.

고원석, 김지혜

1장

비전 공동체

하나님 나라의
비전에 설레다

한눈에 읽기

가슴을 설레게 하는 꿈과 비전을 가져 본 적이 있습니까? 성취감, 두려움, 명예, 물질적 보상 등 사람마다 자신을 움직이는 것이 다를 수 있습니다. 하지만 우리 모두를 움직이게 하는 가장 강력한 동인은 비전입니다. 하나님 나라의 비전은 신앙 공동체를 하나 되게 합니다. 과거의 구원 사건을 기억하고 이 땅 가운데 이루어질 메시아적 미래의 약속을 기대하며 현실에서 하나님의 뜻을 일궈 내는 삶을 살도록 이끌어 갑니다. 이 시간, 하나님 나라의 비전에 감동되어 그 비전을 꿈꾸었던 신앙의 사건 속으로 여러분을 초대합니다.

키워드

#하나님_나라의_비전 #비전으로_설레다 #하나_됨

연관 설문

'교회의 건강성 측정을 위한 조사' 공동체 차원 1, 2번, 개인 차원 60번

하나님 나라의
비전에 설레다

❀

"그 후에 내가 내 영을 만민에게 부어 주리니
너희 자녀들이 장래 일을 말할 것이며
너희 늙은이는 꿈을 꾸며 너희 젊은이는 이상을 볼 것이며"

요엘 2:28

✦ 탐험가 롤리를 만든 이야기

존 에버렛 밀레이John Everett Millais란 화가가 있습니다. 그가 그린 그림 「롤리의 소년시절」[1]은 영국의 정치가이자 시인 이며 탐험가이기도 한 월터 롤리Walter Raleigh의 어린 시절을 담고 있습니다.

밀레이는 영향력 있는 정치가나 위대한 모험가의 모습

을 그리지 않았습니다. 그가 그린 것은 신세계를 향한 모험에 설레며 꿈을 키운 소년 롤리입니다. 밀레이는 롤리가 탐험가가 된 데에는 그에게 꿈을 불어넣어 준 훌륭한 이야기꾼이 있었을 것이라고 추측했습니다.

그림 속 어린 롤리와 그 옆의 친구는, 대양을 가리키면서 푸른 바다 건너편에 무엇이 있는지 이야기해 주는 선원의 말에 푹 빠져 있습니다. 아이들 마음에서는 미지의 세계에

존 에버렛 밀레이, 「롤리의 소년시절」 *The Boyhood of Raleigh*, 1870.

하나님 나라를 품은 공동체

대한 호기심과 설렘이 용솟음쳤을 것입니다. 이름 모를 한 선원의 이야기가 롤리의 삶 전체를 이끈 비전을 만들어 냈습니다.[2]

여러분에게는 가슴을 설레게 한, 그래서 지금의 여러분이 되도록 이끈 비전의 이야기가 있습니까? 우리 그리스도인들의 가슴을 설레게 하는 이야기는 무엇일까요?

✤ 꿈을 잃은 한국교회

요즘 한국교회의 미래를 걱정하는 이들이 많습니다. 무엇보다 젊은 세대가 줄어드는 것을 염려합니다. 과거 한국교회는 청년들로 가득했습니다. 사회가 혼란스럽고 경제적으로 어렵던 시절, 많은 그리스도인들이 교회에 모여 하나님 나라의 비전을 나누며 나라를 위해 기도하곤 했습니다. 하나님 나라의 비전으로 가슴 설렌 사람들로 가득한 곳이 교회였습니다.

그런데 지금은 달라졌습니다. 교회에 어린이가 줄어서 교회학교가 사라지고 있고, 신앙을 이어 갈 젊은이들은 먹고살기 버거워서, 교회에 갈 이유를 찾지 못해서, 상처를 받아서, 교회에서조차 예수 정신을 찾지 못해서 등을 이유로 교회를 떠나고 있습니다.

이 모든 것은 궁극적으로 **하나님 나라 비전의 상실**에서 옵니다. 단순히 설교 말씀에 귀 기울이지 않음의 문제가 아닙니다. 그리스도인의 가슴을 설레게 하고 도전받을 만한 복음의 꿈을 찾지 못했기 때문입니다.

✦ 잃어버린 비전에 대한 의지

브루더호프Bruderfhof 공동체는 세계 여러 곳에서 이천 명이 넘는 사람들이 함께 살아가는 기독교 생활 공동체로, 1차 세계대전 직후 두 그리스도인의 비전에서 시작되었습니다. 당시 독일은 정치적으로 갈라지고, 경제적으로 무너졌으며, 도덕적으로 타락했습니다. 에버하르트 아놀드와 에미 아놀드 부부Eberhart and Emmy Arnold는 이 처참한 현실을 바라보면서 그리스도인으로 산다는 것에 무력감을 느꼈습니다. 하지만 계속 한탄하고만 있을 수 없었습니다. 그들은 예수 그리스도의 가르침, 특히 산상수훈(마 5-7장)의 말씀을 읽으며 이 땅을 향한 하나님의 비전을 깨달았습니다.

두 사람은 이천 년 전, 이 땅에서 하나님 나라의 평화를 일구며 불의한 질서를 변화시킨 예수 그리스도의 정신을 품고 살아가기로 결심했습니다. 이 비전이 사람들을 설레게 했고, 같은 꿈을 꾸는 사람들이 조금씩 늘어났습니다. 예수 그리스도가 죽음을 이기신 승리자라는 담대한 믿음과 하나님 나라를 향한 강렬한 기대가 이들 공동체에게 꿈을 꾸게 하였고, 가야 할 길을 알려 주었습니다.

브루더호프 공동체는 강한 자나 부한 자 대신 아프고 연약한 자들이 존중받는 삶을 꿈꿨습니다. 초대교회와 같이 소박하고 검소한 삶, 경쟁이나 욕망, 갈등과 차별, 폭력과 억압 대신 배려와 사랑, 돌봄과 기도로 살아가는 신실한 그리스도인의 삶, 참된 하나님 나라 공동체의 삶을 살고자 했습니다. 당연하지만 불가능해 보이던 이 비전은 현재 독일, 미국, 영국, 호주, 한국 등 세계 곳곳의 수많은 그리스도인에게로 확산되었습니다.

✦ 비전, 보이지 않는 것을 보다

비전vision이란 라틴어 visio에서 유래한 단어로, **보는 것**을 의미합니다. 곧, 장차 이루고자 하는 미래의 모습을 마음으로 보는 것입니다. 사명이 실현되는 미래를 앞당겨 오는 것입니다.

좋은 비전은 공동체에서 다음과 같은 역할을 합니다.

- 열정과 동기 부여 사람들을 몰입시키고 가슴을 뛰게 합니다.
- 하나 됨 구성원들의 마음을 하나로 모읍니다.
- 방향 제시 공동체의 의미와 방향을 깨닫고 해야 할 일을 시작하게 합니다.

비전은 현재와 미래, 불완전한 현실과 완전한 이상, 잘못된 것에 대한 분노와 더 나은 것을 향한 기대감 등 서로 대립하는 모든 것의 간격을 메웁니다. 앞으로 나아가야 할 방향을 제시하고 이끌어 갑니다.

여기서 신앙인 개인의 비전과 신앙 공동체의 비전을 구별할 필요가 있습니다. 그리스도인의 비전은 하나님이 어떤

하나님 나라를 품은 공동체

분이시고 세상에서 무슨 일을 하시는지 기록한 지도와 같습니다. 이 지도에는 하나님을 **보고 들은** 바가 담겨 있게 마련입니다. 이때 그리스도인의 비전은 저마다 독특하며 개별적입니다. 어느 누구도 하나님을 똑같이 경험한 이가 없기에 지도도 제각각일 수밖에 없습니다. 심지어 복음서조차 마태, 마가, 누가, 요한의 복음서가 모두 조금씩 다른 것처럼 말입니다.

공동체의 비전은 개인의 비전이 가지고 있는 개별성의 한계를 보완해 줍니다. 개인의 비전에서 홀로 비전을 좇다가 지칠 수 있다면, 모두의 비전은 서로를 협력하게 합니다. 신앙 공동체의 비전은 공동체가 이루고자 하는 미래를 청사진처럼 명료화시켜서 구성원들이 그 모습을 꿈꾸며 기대하게 하고 하나 되게 합니다. 그리고 한 방향으로 움직이게 합니다. 이처럼 개인의 비전과 공동체의 비전이 서로 연결되면 그 힘은 더욱 강력해집니다. 자신의 비전을 향한 열정이 자연스럽게 공동체의 비전 달성에 기여하면서 소속감과 자부심을 갖게 되고 개인과 공동체가 함께 성장할 수 있습니다.

하나님 나라의 비전은 하나님의 부르심에 영감을 받아 현실을 꿰뚫어 보는 믿음과 미래의 가능성을 상상으로 묶어 내는 것입니다.

✚ 교회의 비전과 현실

하나님 나라를 꿈꾸고 그 꿈을 일구는 것은 부르더호프와 같은 특별한 몇몇 공동체만의 일이 아닙니다. 많은 그리스도인이 자신들이 속한 교회 공동체가 하나님 나라의 비전을 꿈꾸고 그것을 실현할 수 있도록 힘쓰고 있습니다.

〈한국교회 희망 프로젝트〉에서 지앤컴리서치에 의뢰해 시행한 설문조사 '교회의 건강성 측정을 위한 조사'에 참여한 그리스도인들은 하나님 나라의 확장을 교회 사명의 본질로 생각하고 있다는 항목에 83.2점을 주었고, 자신이 속한 교회의 비전을 잘 이해하고 있다는 데에는 74.9점을 주었습니다. 교회의 리더십들이 하나님의 뜻을 위하여 사역들을 감당하고 있다는 것에는 84.8점이나 주었습니다. 현재 교회

• 교회 공동체의 비전 인식과 실천 정도(100점 기준) •

■ 교회 출석자   ■ 가나안 성도

• 나는 우리 교회가 추구하는 비전이 무엇인지 잘 이해하고 있다

74.9

58.9

• 우리 교회의 목회자와 리더들은 개인의 목표가 아니라 하나님의 뜻을 이루고자 노력한다

84.8

69.6

• 우리 교회는 '하나님 나라의 확장에 참여'라는 교회의 본질적 목적을 효과적으로 달성하고 있다

83.2

68.3

한국교회 희망 프로젝트, '교회의 건강성 측정을 위한 조사', 2022년 4월 21~25일 전국의 성인 교회 출석자 1,000명과 2022년 7월 29일~8월 12일 전국의 성인 가나안 성도 300명을 대상으로 한 온라인 조사. 가나안 성도는 과거형으로 질문함.

를 떠나 있는 가나안 성도들조차 교회가 하나님 나라의 비전을 중요한 사명으로 여겼다는 데 70점 가까이 주었으며, 과거 자신이 속했던 교회의 비전을 잘 이해했다고 대답하였습니다.[3]

상당히 높은 점수가 다행스럽기도 합니다. 교회들이 저마다 하나님의 나라와 뜻을 위하여 사역들을 감당하고 있다는 의미이니 말입니다. 그런데 한국교회의 이미지와 신뢰도가 추락하고 그리스도인임을 공개적으로 밝히는 것조차 주저하게 되는 현실을 감안하면 의문이 들기도 합니다. 밖에서 바라보는 교회의 모습과 교회 안 공동체의 자기 인식 사이에 왜 이런 차이가 나는 것일까요?

또 다른 자료에 의하면, 그리스도인 세 명 중 한 명이 한국교회의 이미지 제고를 위해 시대에 맞는 비전 제시가 필요하다고 응답했습니다.[4] 이러한 결과는 한국의 수많은 교회들이 비전을 추구하며 실천하고 있지만, 그 비전과 실천이 시대를 반영하지 못하고 있으며 교회의 이미지에도 큰 영향을 미치지 못하고 있다는 의미입니다. 동시에 그리스도인들이 건강한 교회의 비전을 기대하며 소망하고 있는 것으로 이해할 수 있습니다. 대다수의 그리스도인들이 교회의

하나님 나라를 품은 공동체

문제에 압도되기보다 교회가 세상을 향해 제시할 하나님 나라의 소망에 더욱 강한 의지를 가지고 있는 것입니다.

묵상과 토론을 위한 질문

✦ 공동체에서 신앙생활을 하면서 나를 설레게 하고 여기까지 이끌어 준 사건이 있으면 함께 나눠 봅시다.

✦ 우리 교회의 비전은 무엇입니까? 나를 포함한 교회 구성원들은 교회의 비전을 잘 이해하고 있습니까? 그렇지 않다면 이유가 무엇인지 생각해 봅시다.

✦ 하나님 나라의 비전 이야기

그리스도인은 예수 그리스도를 본받아 하나님 나라를 꿈꾸며 사는 사람들입니다. 그리고 교회는 하나님 나라의 비전을 간직한 그리스도인들이 모여 그 비전을 공유하며 실천하는 신앙 공동체입니다.

성경에는 하나님 나라의 비전으로 이끌림 받았던 이들의 이야기가 가득합니다. 하나님의 구원 계획은 특정한 한 사람, 한 민족에게만 선물로 주어지는 것이 아니었습니다. 아브라함을 택하여 보여 주셨던 하나님 나라의 비전은 지금 우리에게까지 이어져 확장되고 있습니다. 복음의 역사는 하나님 나라의 비전이 개인을 넘어 신앙 공동체의 비전이 되는 과정과 그 비전에 감동된 믿음의 공동체가 복음의 능력으로 어떻게 세상을 변화시켜 왔는지를 이야기해 줍니다.

아브라함의 비전: 개인에서 공동체로 확장되는 구원

하나님이 아름답게 창조하신 세계가 죄악으로 물들었습니

다(창 6-11장). 하나님은 이 세계를 향한 새 구원의 계획을 세우시고 그 계획을 족장 아브라함에게 들려주셨습니다.

여호와께서 아브람에게 이르시되 너는 너의 고향과 친척과 아버지의 집을 떠나 내가 네게 보여 줄 땅으로 가라 내가 너로 큰 민족을 이루고 네게 복을 주어 네 이름을 창대하게 하리니 너는 복이 될지라(창 12:1-2)

구원의 역사가 아브라함의 후손을 통해 이어지고 완성되리라는 비전이었습니다. 이때 아브라함은 이미 칠십이 넘은 노인이었지만, 가슴이 두근거렸을 것입니다. 하나님이 계획하신 구원의 역사가 자신이 속한 가족 공동체를 통해 시작된다는 것이었기 때문입니다. 그래서 그는 하나님의 계획을 가족에게 알리고 설득하여 지체 없이 구원의 여정을 시작합니다(창 12:4).

그 비전의 여정에는 수많은 시험과 고난이 있었습니다. 하지만 하나님 나라를 향한 구원의 시작점이 되고 있다는 사실에 아브라함과 그의 가족은 모든 어려움을 이겨 낼 수 있었습니다. 하나님의 비전이 이루어질 것이란 아브라함의 믿음은 그의 자녀 이삭, 야곱, 요셉에게로 이어지는 신앙의 유산이 됩니다.

이스라엘의 비전: 하나님의 백성으로 부름받은 공동체

하나님은 모세를 통해 이집트에서 종살이하고 있던 이스라엘 민족을 하나님의 백성으로 부르셨습니다. 그들이 선택받을 만한 존재라서가 아닙니다. 온 세상 민족들에게 하나님이 누구이신지 알게 하기 위해서였습니다. 하나님은 부족한 그들을 하나님의 백성으로 훈련하여 빚어 가길 원하셨던 것입니다.

하나님의 백성으로 부름받은 후 이스라엘 민족은 세 가지 변화를 겪게 됩니다. *1. 자유의 가치를 알게 됩니다.* 감시와 압제에서 해방되어 젖과 꿀이 흐르는 땅을 향해 길을 떠납니다.

2. 은총(선물)의 가치를 배우게 됩니다. 애굽에서 종의 신분으로 살아야 했던 그들이 시내산에서 하나님과 계약을 맺는 고귀한 존재가 됩니다. 과거에는 시키는 일만 하면 되었다면 하나님의 은총을 통해 스스로 해야 할 일과 하지 말아야 할 일을 판단하고 책임질 수 있는 존재로 거듭난 것입니다.

하나님 나라를 품은 공동체

마지막으로 3. **거룩한 하나님의 백성이라는 정체성을 갖게 됩니다.** 거룩한 백성으로서 하나님의 계명과 질서를 따라 살아가야 하는 특별한 존재가 된 것입니다. 하나님의 거룩한 백성으로 인정받았다는 사실에 가슴이 두근거렸을 것입니다. 그래서 그들은 힘겨운 40년 광야 생활을 극복할 수 있었습니다. 비록 광야에서 수없이 넘어지고 실패하기도 했지만, 그들이 품었던 하나님의 약속과 비전은 결국 이스라엘을 약속의 땅으로 인도하였습니다.

예수님의 비전: 하나님 나라의 제자 공동체

예수님은 하나님 나라의 복음을 전파하셨습니다(마 4:17). 하나님 나라는 하나님의 은총과 사랑이 다스리는 세계를 말합니다. 결국 예수님은, 비록 현실은 암울하고 혼란스러워 보일지라도 세계를 이끌어 가시는 하나님의 은총과 사랑의 역사에 주목하라고 말씀하신 것입니다.

예수님의 부활과 승천 이후, 남겨진 제자들과 초대교회 그리스도인들은 그리스도의 제자로서 하나님 나라의 비전을 가지고 살아가기 시작했습니다. 그런데 제자들의 가슴이 복음을 향한 열정으로 뜨거워지기 시작한 것은, 예수님의 부활을 경험한 뒤 하나님 나라 복음의 진정한 의미를 깨달 았을 때였습니다. 다시 말해, 예수님의 십자가 희생이 죽음 을 향한 길이 아니라 진정한 생명을 위한 길이었음을 깨닫 게 되자 하나님 나라 비전을 품게 된 것입니다.

예수님이 질병을 고치시고 귀신을 쫓아내시며 고통받는 이들을 회복시키셨던 역사는 그리스도인들의 비전이 되었 고, 그들이 이어 가야 할 중추적 역할이자 완수해야 할 궁극 적인 사명이 되었습니다.

교회 공동체의 비전: 하나님 나라의 비전에 대한 감동과 설렘

신앙의 선배들은 하나님의 부르심에 감동되고 하나님 나라 의 비전에 설레어 이전과 전혀 다른 삶을 살게 되었습니다. 신앙 공동체는 이같이 하나님 나라의 비전에 감동된 사명자

• 하나님 나라의 비전 •

아브라함 → 이스라엘 민족 공동체 → 초대교회 제자 공동체 → 교회 공동체

하나님 나라를 품은 공동체

들의 모임입니다.

하나님의 약속에 감동된 아브라함은 하나님의 구원의 역사를 시작하는 공동체의 선구자가 되었고, 이스라엘 백성은 출애굽을 통해 하나님의 거룩한 백성 공동체로 거듭났습니다. 그들은 모두 하나님이 주시는 자유와 은총의 비전을 경험할 수 있었습니다. 또한 부활 사건 이후 예수님의 제자들은 실망과 절망에서 벗어나 하나님 나라의 비전과 기쁨을 누리며 살았습니다. 물론 그들 앞에 여전히 고난이 찾아오곤 했지만, 하나님 나라에 대한 감동과 확신이 있었기에 그들은 결코 쓰러지지 않고 하나님 나라의 비전을 이어 갈 수 있었습니다.

✣ 하나님 나라의 비전 세우기

하나님 나라의 비전을 세운다는 것은 도저히 이룰 수 없는, 막연하고도 공상적인 꿈이 아닙니다. 미래의 아름다움과 현재의 추함을 동시에 보는 것입니다. 왜곡되고 망가진 현실을 직면하면서 하나님의 창조/새 창조의 아름다움이 온전히 이루어지기를 바라는 것입니다.

그러므로 비전 수립은 *1. 지금 이 자리에서*here and now **교회의 머리 되시는 그리스도의 뜻을 분별하는 데서 시작합니다.** 교회가 현재 처해 있는 시대적, 지역적 상황, 교회의 특성과 상황에 따라 성령의 인도하심이 달라질 수 있기 때문입니다. 그러므로 '우리가 무엇을 할 수 있고, 무엇을 할 것인지'(공동체에 대한 것)를 묻는 대신에, 성경에서 교회 공동체의 존재 이유를 발견하고, 그에 따라 '주님은 앞으로 우리 교회가 어떤 교회가 되기를 바라시는지, 어떤 일들을 하기 원하시는지'(공동체를 향한 하나님의 뜻에 대한 것)를 깊이 성찰하고 연구해야 합니다.

비전을 뒷받침하는 요소나 비전에 도달할 기간을 단계적으로 설정해 구체화하는 것도 좋습니다.

이때 비전은

- 하나님 나라를 꿈꾸게 하고, 향상심向上心을 불러일으킬 만큼 크고 대담하며
- 기억하기 쉽도록 간결한 언어로 표현하고

하나님 나라를 품은 공동체

- 실제 행동으로 옮길 수 있도록 명확하고 구체적이어야 합니다.[5]

2. 비전이 세워졌으면 구성원과 공유하고 공감대를 형성하는 것이 중요합니다. 공유는 한 번에 그치는 것이 아니라 계속해서 시도되어야 합니다. 비전에 대한 이해와 공감의 폭이 클수록 비전 달성의 힘 또한 커지기 때문입니다. 비단 비전을 달성하는 과정뿐 아니라 수립할 때부터 소통을 통해 의견이 수렴될 수 있다면 더욱 좋습니다. 공동체의 비전이 구성원 모두의 비전이 되고, 그 사역에 참여하도록 하는 것입니다.

마지막으로 **3. 비전을 기초로 사역을 실행한 후 체계적으로 돌아볼 필요가 있습니다.** 잘못을 끄집어내고 판단하며 깎아내리는 것이 아니라 비전이 어떻게 구현되었는지 살피고, 이를 바탕으로 더 발전할 수 있도록 방안을 모색하는 것입니다.

비전을 좇는다는 것은 곧 변화를 추구한다는 말입니다. 이것은 결코 녹록한 일이 아닙니다. 의도치 않은 어려움이 닥치거나 갈등이 발생할 수도 있습니다. 현실에 부딪히며 진통을 겪을 때, 때로 인내가 필요할 수도 있고 때로 조정이 필요할 수도 있습니다. 더욱이 의견을 조율하느라 더디 갈 수도 있습니다. 하지만 누군가와의 만남을 기대하며 기다리는 이의 마음처럼, 하나님 나라의 약속이 이루어지길 기대하고 기다리는 그리스도인들의 마음은 하나님 나라 복음이 주는 감동과 설렘으로 벅차오르게 될 것입니다. 복음에 감동한 사명 공동체는 잠시 지쳐 주저앉더라도 다시 일어나 하나님의 비전을 향하여 달려갑니다.

우리는 매일 물어야 합니다.

1. 여전히 하나님 나라를 꿈꾸고 있는가?

2. 하나님 나라에 감동하여 주체할 수 없는 두근거림을 느끼고 있는가?

신앙 공동체는 성경이 생생하게 들려주는 증언들, 곧 세상 끝날에 이 땅 위에서 이루어질 약속을 지금 이곳에서 삶으로 보여 주고자 합니다. 우리는 과거의 구원 사건을 기억하며 이 땅 위에 이루어질 메시아적 미래를 기대합니다. 신앙 공동체가 하나님 나라의 비전을 향한 설렘으로 충만할 때, 하나님의 뜻을 현실에서부터 일궈 내는 일이 시작될 것입니다.

생각의 편지

산티아고의 꿈

산티아고의 모습을 기억하며

○○님, 얼마 전 헤밍웨이의 소설 『노인과 바다』*The Old Man and the Sea*를 다시 읽어 보았습니다. ○○님도 잘 아는 작품이지요? 쿠바의 해안에 사는 산티아고는 은퇴를 고민해야 하는 나이든 어부입니다. 최근 80여 일 동안 물고기 한 마리 잡지 못하자 주변에서는 고기잡이를 그만두라고까지 말합니다. 그런 산티아고 곁에는 그를 따르는 소년 마놀린이 있었습니다. 산티아고는 그 아이를 보며 늘 용기를 내어 고기잡

이를 나가곤 했습니다.

　하루는 오랜 사투 끝에 지금껏 잡아 보지 못한 커다란 물고기를 낚게 됩니다. 배 안으로 끌어 올릴 수 없어서 배에 매달고 돌아가야 할 만큼 큰 물고기였습니다. 그러나 기쁨과 행복도 잠시, 주변으로 몰려든 상어 떼로 인해 산티아고는 결국 뼈만 남은 물고기를 끌고 집으로 돌아올 수밖에 없었습니다. 인생의 한계를 느끼는 처참한 순간이었습니다. 얼마나 분하고 실망스러웠을까요? 그런데 산티아고의 모습이 어떠했는지 아십니까? 소설 『노인과 바다』는 이렇게 끝을 맺고 있습니다.

　"길 위쪽의 판잣집에서 노인은 또다시 깊은 잠에 빠져들고 있었다. (…) **노인은 사자 꿈을 꾸고 있었다.**"[6]

　실패한 어부 산티아고는 여전히 사자의 꿈을 꾸고 있었습니다.

산티아고의 꿈을 꿉시다

○○님, 저는 산티아고가 한국교회에 시사하는 바가 크다고

하나님 나라를 품은 공동체

생각합니다. ○○님께 부탁합니다. 한국교회의 산티아고가 되어 주십시오. 그리고 여전히 사자의 꿈을 꾸어 주십시오. 산티아고에게는 단 한 명의 조수였지만 그를 존경하며 따르는 마놀린이란 소년이 있었습니다. 젊은이가 많이 떠났다고는 해도 한국교회에는 여전히 **산티아고를 따르던** 마놀린 같은 젊은이들이 존재합니다. 그들이 사람을 낚는 어부의 사명을 배울 수 있도록 그들의 꿈을 키워 주십시오. 마놀린을 보며, 항해를 떠난 산티아고가 되어 주십시오. 비록 상어 떼에 고기를 모두 빼앗기고 돌아올지언정, 용기를 내서 바다를 향해 나아갈 수 있는 꿈과 용기를 그들에게 불어넣어 주십시오. ○○님이 여전히 꾸고 있는 사자의 꿈을 마놀린 같은 젊은이들에게 보여 주십시오. 그 꿈에 도전을 받아 젊은이들이 그리스도를 향한 사자의 꿈을 꾸게 될 것입니다.

존경과 사랑의 마음으로 드림

✤ 하나님 나라의 비전을 꿈꾸는 공동체 되기

마지막 날에 내가 나의 영으로 모든 백성에게 부어 주리라

자녀들은 예언할 것이요

청년들은 환상을 보고 아비들은 꿈을 꾸리라

(your old men will dream **dreams**, your young men will see **visions**)

주의 영이 임하면 성령이여 임하소서

성령이여 우리에게 임하소서

찬양 「마지막 날에」는 요엘 2장 28절의 말씀을 노래합니다. 이 찬양을 부르고 있으면, 우리는 어느새 이 가사의 내용처럼 미래의 꿈과 비전이 샘솟는 세계를 경험합니다. 현실의 문제에 급급해서 살아가는 것이 아니라 하나님 나라가 제시하는 원대한 꿈을 꾸고 비전을 노래하며 살아간다면 우리의 삶은 진정 아름다울 것입니다. 교회는 세상을 향해 이러한 꿈과 비전을 제시해야 할 것입니다.

묵상과 토론을 위한 질문

✦ 나와 우리 공동체를 설레게 하는 하나님 나라 비전은 무엇인지 각자 기록해 봅시다.

✦ 그 꿈과 환상을 구현하기 위해 어떤 일을 해야 할지 찾아보고 실천해 봅시다.

✦ 다음 페이지의 '함께 할 수 있는 활동'을 참고해 공동체의 비전 선언문을 작성해 봅시다.

〈비전 선언문〉

그리스도의 제자 공동체로서 우리는 다음과 같은 비전을 품고 살아가겠습니다.

하나로 연결된
비전 공동체

준비: **빨강, 초록 등 시각적 효과를 줄 수 있는 털실 꾸러미**(참여 인원에 맞춰 충분한 길이로 준비)

- 소모둠으로 나누어 각자 가지고 있는 하나님 나라에 대한 비전과 생각을 자유롭게 이야기합니다. 시간이 허락한다면 소모둠에서 나눈 이야기를 정리해서 발표합니다.
- 전체가 다시 모여 둘러앉습니다. 전체 인원이 활동을

함께 하기에 너무 많다면 적당하게 나눠 진행해도 좋습니다.

- 처음 시작하는 사람이 털실 꾸러미를 쥔 채 자신과 자신이 꿈꾸는 하나님 나라를 간단히 소개합니다.

"저는 ○○○입니다. 저는 [   ]한 하나님 나라를 꿈꿉니다."

"저는 [   ]한 ○○○입니다. 하나님 나라를 통해 [   ]한 삶을 살고 싶습니다."

- 자기소개를 마친 사람은 털실의 끝을 쥔 채, 털실 꾸러미를 맞은편의 참여자에게 던져 줍니다. 털실 꾸러미는 털실이 풀리며 맞은편 사람에게 전달됩니다.
- 털실 꾸러미를 받은 사람은 이전 사람과 동일하게 하나님 나라의 비전을 소개한 뒤 털실을 쥔 채, 털실 꾸러미를 맞은편 다른 참여자에게 던져 줍니다.
- 털실을 주고받으며 하나님 나라의 비전을 소개하는 활동을 반복합니다.
- 마지막에 모든 참여자가 하나의 털실로 이어져 있음을

확인합니다. 이것은 참여자 개개인이 가지고 있는 서로 다른 하나님 나라 비전이 모여서 결국 그리스도가 원하시는 하나님 나라를 이루게 됨을 의미합니다.

• 나눈 내용을 정리하여 59쪽에 공동체의 비전 선언문을 작성해 봅니다.

하나님 나라를 품은 공동체

▶ 찬양
마지막 날에 _작사·곡 이천

▶ 함께 기도합니다
하나님, 우리를 공동체로 모으셨습니다. 하나님 나라의 비전에 헌신하는 교회가 되도록 우리를 부르셨습니다. 우리의 눈을 밝히셔서 세상을 향한 하나님의 뜻을 보게 하소서. 세상이 추구하는 가치나 욕망을 따르기보다 하나님이 주시는 꿈과 환상을 보게 하소서. 우리의 마음이 하나님 나라의 꿈과 가치에 요동치게 하시고, 그것을 실천할 수 있는 용기와 열망을 주옵소서. 예수님의 이름으로 기도합니다. 아멘.

2장

이야기 공동체

하나님 나라의
언어로 말하다

한눈에 읽기

말에는 힘이 있습니다. 생각이 말로 표현되는 순간, 그 말은 영향력을 발휘합니다. 비난의 언어는 누군가를 찌르고, 칭찬과 격려의 언어는 쓰러진 이를 일으켜 세웁니다. 또한 사람을 성장시키고 세상을 변화시키는 말도 있습니다. 하나님은 말씀으로 세상을 창조하시고 우리에게 언어를 선물로 주셨습니다. 하나님 나라 언어의 본질은 창조이며 약속이고, 임마누엘이며 감사입니다. 신앙 공동체는 성경에 적힌 하나님 나라의 본질을 언어를 통해 가정과 교회, 나아가 세상에 드러낼 책임이 있습니다.

키워드

#신앙을_대화하다 #이야기로_성장하는_공동체 #창조·약속·임마누엘·감사의_언어

연관 설문

'교회의 건강성 측정을 위한 조사' 개인 차원 47번

하나님 나라의
언어로 말하다

"내가 그들에게 내 말을 들려주어
그들이 세상에 사는 날 동안 나를 경외함을 배우게 하며
그 자녀에게 가르치게 하리라 하시매"

신 4:10b

✦ 영혼의 선물

『세계사 편력』*Glimpses of World History*이란 책이 있습니다. 각 권이 500여 페이지로 된 세 권짜리 역사책입니다. 무척 어렵고 고리타분하게 느껴지기도 하지만, 이 책이 생겨난 배경은 매우 감동적입니다.

이 책의 저자는 인도의 초대 총리였던 자와할랄 네루

Jawaharlal Nehru입니다. 네루는 인도의 명망 있는 가문에서 태어나 영국 유학을 마치고 돌아와서 변호사로 활동하던 중, 간디Mahatma Gandhi를 만나 인도의 독립운동에 참여하게 됩니다. 당시 인도를 지배하고 있던 영국 정부는 그런 네루를 가만히 놔두지 않았습니다. 네루는 1921년 처음 투옥된 이후로, 1947년 인도가 독립하기까지 아홉 차례나 감옥에 수감되었습니다.

1930년 네루가 나이니 형무소Naini Prison에 수감되어 있을 때, 그의 어린 외동딸 혼자 집을 지키고 있었습니다. 네루의 아내 역시 수감 중이었기 때문입니다. 그해 가을, 딸 인디라Indira Gandhi는 열세 번째 생일을 홀로 맞습니다. 감옥에 갇혀 있던 네루는 안타까운 마음에 고민하다가 아주 특별한 선물을 주기로 결심합니다. 편지로 딸에게 세계의 역사를 들려주겠다는 것이었습니다. 네루가 생일 선물로 보낸 첫 번째 편지의 내용은 다음과 같습니다.

"해마다 생일이 돌아오면 너는 으레 선물이나 축복을 받기 마련이었지. (…) 하지만 나이니 형무소에서 내가 무슨 선물을 해 줄 수 있겠느냐. 나의 선물은 눈에 보이거나 손으로 만질 수 있는 것이 아니란다. (…) [나는] 영혼으로 된 어떤 것, 형무소의 높은 담도 가로막을 수 없는 그런 것을 줄 수밖에 없겠구나."[1]

『세계사 편력 1』 표지.

1931년 1월 1일에 시작된 네루의 편지는 그 후 약 3년간 196통의 편지로 이어집니다. 그리고 훗날 이 편지를 모아 책으로 엮은 것이 바로 『세계사 편력』입니다.

인디라는 아버지의 편지를 통해 서구 제국주의 중심의 역사관에서 벗어나는 등 큰 영향을 받았습니다. 그리고 인도의 첫 여성 총리이자 두 번이나 총리를 역임하는 등 인도 역사에서 빼놓을 수 없는 인물이 됩니다.

✢ 이야기의 중요성

삶의 지혜와 경험은 이야기를 통해 전해집니다. 그래서 *1. 이야기에는 사람을 성장시키는 힘이 있습니다.* 어린 시절, 가족과 주변 어른들의 경험을 들으며 배우고, 동화 같은 다른 세계의 이야기로 상상력을 키워 갔듯이, 사람은 공동체 안에서 이야기를 통해 어떻게 살아야 하는지 알게 됩니다.

그런데 오늘날은, 이야기가 넘쳐나지만 정작 사람을 성장시키는 이야기는 사라지고 있습니다. 사람들은 이 시대를 '스토리텔링 시대'라고 합니다. 특별한 사연을 가진 물건은 아무리 흔한 것이라고 해도 사람들이 구입하려 합니다. 한참을 기다리고 몇 배의 비용을 지불하는 것도 감수합니다. 이야기의 힘입니다. 그래서 물건뿐 아니라 음식점, 기업, 브랜드, 심지어 사람마저 자신을 돋보이게 할 스토리를 만들고자 합니다.

더욱이 디지털화된 시대에 세상은 온통 말로 가득 차 있습니다. 스스로를 드러내기 위해, 수익을 내기 위해 끊임없이 말을 하고, 글을 쓰며, 게시하고, 공유합니다. 그러다 보면 삶의 자리를 채우는 것은 사람들의 시선을 잡아 둘 만한 이야기들뿐입니다. 그리고 그것들은 대체로 가볍고 자극적입니다. 철학자 한병철은 "과도하게 급증하는 개인 이야기가 공동체를 삼켜 버린다"라고 말합니다.[2] 의미 없이 그저 내뱉어 소비하는 자기 정보와 설명은 공동체를 이롭게 하지 않는다는 것입니다. 삶을 이끌어 가고 삶에 진정한 힘을 제공하는 것은 풍부한 경험과 지혜가 담긴 말과 이야기입니다.

또한 **2. 이야기는 우리를 연결시키고 연대하게 합니다.** 하나님은 신앙인들을 부르셨습니다. 이들을 '교회' 되게 하는 것, 다시 말해 그리스도의 제자 공동체로 살아가게 하는 힘은 예수 이야기, 신구약 성경 말씀, 교회의 오랜 역사 이야기, 믿음의 선배들의 이야기에서 옵니다.

신학자 스탠리 하우어워스Stanley Hauerwas는 교회를 "이야기로 형성된 공동체"라고 말합니다. 바로 예수님 이야기입니다! 우리는 예수님이 하신 말씀, 제자들과 믿음의 선배, 동역자들이 전한 예수님 이야기에 귀 기울이면서 공동체의 일원이 됩니다. 그 이야기가 나의 경험이 되고, 내 경험이 된 이야기를 또다시 전하면서 우리는 하나의 교회가 되어 갑니다.

마지막으로 **3. 이야기는 정체성을 따라 살아가게 합니다.** 유대인은 대대로 유월절을 중요한 명절로 지킵니다. 식탁에

앉아 전통적인 유월절 음식을 먹으며 아이들은 어른들에게 묻습니다. "오늘 밤은 왜 다른 밤과 다른가요? 오늘은 왜 이 음식들(누룩 없는 빵, 쓴 나물, 양고기)을 먹나요?"

집안의 어른은 아이들에게 역사 속 이스라엘 백성이 해방된 이야기를 해 줍니다. 활자에 갇혀 있던 과거는 이야기를 통해 생생하게 살아 있는 현재가 되고, 아이들은 선조들의 출애굽 사건에 참여합니다. 그리고 대화를 나누며 아이들은 자신이 누구인지 확인합니다. **오늘** 다시금 하나님이 택하신 백성으로 세워지는 것입니다. 이처럼 민족 공동체의 이야기는 가정 공동체를 통해 세계 곳곳에 뿔뿔이 흩어진 유대인들의 정체성과 공동체성을 흔들리지 않게 해 주었습니다. 그렇다면 오늘날 그리스도인 공동체는 어떠한가요?

> "이야기는 기독교의 독특함을 표현합니다. 그리스도인들은 세상과 구별된 기독교 이야기를 공유하면서, 개인으로서뿐만 아니라 공동체로서 존재 의미와 삶의 행동 방식을 알게 됩니다."
>
> - 스탠리 하우어워스

하나님 나라를 품은 공동체

✦ 신앙 언어와 이야기의 부족

신앙 공동체가 생활 속에서 얼마나 신앙 언어를 사용하며, 신앙적인 주제로 이야기를 나누는지 조사한 자료가 있습니다. '교회의 건강성 측정을 위한 조사'에서 "나는 나의 가족과 신앙적인 주제에 관해 편하게 대화한다"는 항목에 교회에 출석하고 있는 그리스도인들은 평균 73점을 주었습니다. 현재 교회에 출석하지 않는 가나안 성도들의 경우, 평균 59점을 주었습니다.[3]

그리스도인들이 가정에서 신앙적인 주제로 '편하게' 대화한다는 말은 두 가지 의미를 담고 있습니다. *1.* 가정에서 주고받는 대화에 신앙과 관련된 표현과 주제가 등장하는 빈도가 높다는 것입니다. 신앙에 관한 이야기의 빈도수가 높을수록 가족들의 생각과 생활 속에 신앙이 뿌리내립니다. *2.* 가정에 크고 작은 문제가 발생했을 때, 신앙의 언어와 성서의 이야기가 문제해결을 위해 중요한 역할을 하고 있다는 것입니다. 가정에서 이루어지는 대화의 대부분은 가족들에게 일어나는 크고 작은 문제들에 관한 것입니다. 이러한 문제 상황 속에서 가족들이 신앙의 기준을 가지고 해결책을 이끌어 낼

• 가정 내 신앙적인 대화 정도 비교(100점 기준) •

■ 교회 출석자   ■ 가나안 성도

• 나는 나의 가족과 신앙적인 주제에 관해 편하게 대화한다

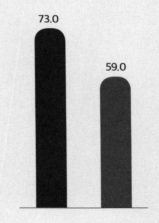

73.0

59.0

하나님 나라를 품은 공동체

• 지난 1주간 가족 간 신앙적 교류 활동(중복응답, %) •

■ 소그룹 활동자 ■ 소그룹 비활동자

• 활동 없었음

38.0
66.0

• 가족간 신앙 나눔/상담

38.0
16.0

• 가정예배

31.0
20.0

• 가족간 QT나눔

15.0
4.0

지구촌교회·한국소그룹목회연구원·목회데이터연구소, '한국교회 소그룹 실태 조사 결과 보고서', 2021년 9월 6~24일 성인 교회 출석자 대상 온라인 조사. 4점 척도.

• 정기적 소그룹 활동 여부별 주요 가정 신앙 지표
(매우+약간 그렇다 비율, %) •

■ 소그룹 활동자　　■ 소그룹 비활동자

• 가족 모두 함께 교회에 출석하는 비율

85.0
75.0

• 가정이 신앙적으로 건강하다

80.0
61.0

• 나는 평소 자녀 신앙 교육을 하고 있다

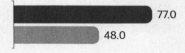

77.0
48.0

• 나는 자녀 신앙 교육 훈련을 받은 경험이 있다

46.0
15.0

한국IFCJ 가정의 힘, '가정 신앙 및 자녀 신앙 교육에 관한 조사', 2021년 4월 5~19일 전국 5세~고등학생 자녀를 둔 교회 출석자 1,500명 대상 온라인 조사. 4점 척도.

하나님 나라를 품은 공동체

수 있다면 그리스도인의 가정답다고 할 수 있을 것입니다.

아울러 '지난 1주간 가족 간 신앙적 교류 활동', '정기적 소그룹 활동 여부별 주요 가정 신앙 지표' 조사 결과에서 확인할 수 있는 것처럼, 가정에서 신앙적인 이야기를 얼마나 나누는가 하는 것이 교회 공동체 생활과 깊이 연관되어 있다는 것을 유추할 수 있습니다.

묵상과 토론을 위한 질문

✦ 가정이나 신앙 공동체에서 신앙적인 주제로 대화를 나누는 데 장애물이 있다면 무엇인가요?

생각의 편지

스크러브의 여행

루이스의 나니아 연대기

○○님, 영국의 기독교 작가인 루이스C. S. Lewis는 전체 7부로 이루어진 소설, 『나니아 연대기』The Chronicles of Narnia를 통해 대부분의 사람들은 모르지만 우리가 살아가는 세계와 연결되어 있는 또 하나의 세계, 나니아Narnia를 소개합니다. 이 소설은 주인공인 네 남매가 나니아 세계에서 경험하는 다양한 사건들을 다루고 있습니다. 많은 비평가들은 이 소설이 하나님 나라의 세계관을 은유와 상징을 통해 드러내고

하나님 나라를 품은 공동체

있다고 말합니다.

스크러브의 문제와 변화

특별히 저는 "새벽 출정호의 항해"라는 부제목이 붙은 부분
이 인상적이었습니다. 글은 '유스터스 클래런스 스크러브'
라는 남자아이를 소개하면서 시작합니다.

> "유스터스 클래런스 스크러브라는 남자아이가 있었는데,
> 그 아이는 그런 이름에 정말 어울리는 아이였다[역주. 스크
> 러브에는 조그마한 사람, 보잘것없는 사람이라는 뜻이 있음]. (…)
> 유스터스 클래런스는 동물을 좋아했는데, 특히 죽어서 종이
> 위에 핀으로 꽂혀 있는 딱정벌레를 좋아했다. 유스터스는
> 책도 좋아했지만, 그것도 정보 서적이라든가 대형 곡물 창
> 고의 그림이나 모델 학교에서 운동을 하고 있는 뚱뚱한 외
> 국 아이들의 그림이 실린 책들만 좋아했다."[4]

유스터스는 상상력이라고는 전혀 없는 아이입니다. 문학
에 대해서는 아는 것이 하나도 없었고, 모험 같은 이야기는
거들떠보지도 않습니다. 사실과 정보를 담은 책만을 좋아하

는 유스터스가 아는 것이라고는 정기선, 모터보트, 비행기, 잠수함 따위가 전부였습니다.

우연히 에드먼드, 루시(네 남매 중 셋째와 넷째)와 함께 나니아 세계로 이끌려 가게 된 유스터스는 나니아 세계의 등장인물들과 항해를 하며 일곱 개의 검을 찾는 모험을 하게 되었음에도, 그 여정을 즐길 수 없었습니다. 왜냐하면 유스터스는 나니아라는 세계를 도무지 이해할 수 없었고, 그들의 말을 받아들이려고도 하지 않았기 때문입니다. 예를 들어, 조그만 생쥐가 자신은 용맹한 기사라며 자신의 무용담을 늘어놓는 모습을 유스터스는 도저히 보고 있을 수가 없었습니다.

○○님, 유스터스의 문제는 무엇이었을까요? 자기만의 언어와 이야기에서 벗어나려고 하지 않은 것입니다. 그는 새로운 세계에 와 있음에도 그 세계의 언어와 이야기를 받아들이려고 하지 않았습니다. 나니아의 언어와 이야기를 받아들이지 않았기 때문에, 몸은 나니아 세계에 와 있지만 마치 딴 세계에 있는 것과 다름이 없었습니다.

그랬던 그가 주변 상황을 이해하고 모험의 세계로 빠져들게 된 것은 자신이 용이 되면서부터였습니다. [여러분이 자

하나님 나라를 품은 공동체

고 일어났는데 용이 되어 있다고 상상해 보십시오. 여러분이라면 어떤 느낌이 들었을까요?] 용이 된 직후에, 비로소 그는 자신이 얼마나 이 모험과 어울리지 않는 사람인가를 깨닫게 됩니다. 그러고는 한탄 속에서 스스로를 질책하고 후회하며 슬퍼합니다. 그런 유스터스를 치유해 준 것은 유스터스가 몹시 싫어하고 경멸했던 생쥐 기사 리피치프였습니다. 리피치프는 슬퍼하는 유스터스에게 다가가 용기를 줍니다. 어떤 식으로 용기를 주었을까요? 리피치프는 힘들고 어려운 상황에 빠졌던 사람들이 어떻게 다시 행복한 삶을 살게 되었는지 이야기해 줍니다. 그 이야기에 유스터스는 크게 뉘우치게 되고, 사자 아슬란의 도움으로 다시 소년의 모습을 되찾게 됩니다.

이야기가 사람을 성장시킵니다

○○님, 작가 루이스는 유스터스라는 남자아이를 등장시킴으로써, 그리고 유스터스의 변화를 통해서 그리스도인의 삶, 아니 인간의 삶의 모습을 진솔하게 보여 주고 있습니다. **인간은 이야기를 통해 성장한다**는 것입니다. 우리 인생은 말들이 조합된 이야기로 구성됩니다. 저는 그리스도인이 사는

법, 나아가 인간이 살아가는 법은 어떤 정보와 사실, 개념과 규칙, 모터보트나 비행기 같은 것을 암기하고 습득함으로써 배우는 것이 아니라고 생각합니다. 사람은 누구나 이전에 살았던 사람들의 이야기, 다른 세계의 이야기를 듣고 경험하면서 어떻게 살아야 하는지를 배우게 됩니다. 그리스도인은 성경의 사건, 교회의 역사, 가정과 교회에서의 신앙 체험 등을 이야기하며 성장하는 것이 아닐까요? ○○님, 우리의 다음 세대를 향해 성경의 언어를, 신앙의 선배들이 보여주었던 모험의 이야기를 들려주십시오.

존경과 사랑의 마음으로 드림

하나님 나라를 품은 공동체

✦ 공동체를 세우는 하나님 나라의 언어[5]

나라와 민족마다 고유한 국민성과 민족성을 가지고 있습니다. 그리고 그러한 국민성과 민족성을 알기 위해서는 그 나라의 말(언어)이나 그 민족에 전해오는 이야기를 살펴보면 됩니다. 예를 들어 '캄캄하다'와 '깜깜하다' 등 어둡거나 막막한 상황을 표현하는 한국어가 여럿인 것처럼, 한국어가 상대적으로 형용사가 발달한 것은 우리 민족이 작은 차이나 변화에 주목하고 풍부한 감성을 지닌 것과 관련이 있습니다. 독일인이 대체적으로 철저하고 규칙을 중시하는 특징은 독일어 문법이 규칙적이고 예외가 많지 않으며 발음이 정확

한 것과도 일맥상통합니다. 이처럼 그리스도인의 성품과 태도를 알려고 한다면, 성경에서 들려주는 하나님 나라의 언어, 신앙 언어의 특징에 주목해야 합니다.

창조의 언어: 현실화하는 능력

먼저 성경에 기록되어 있는 하나님 음성(언어)의 특징이 무엇인지 살펴볼 필요가 있습니다. 성경을 펼쳐 들었을 때 가장 먼저 들려오는 하나님의 음성은 '창조의 언어'입니다. 창세기 1장에 나타나는 하나님의 창조 과정은 리드미컬한 삼중적 행위로 이루어져 있습니다. 즉,

- 말씀 하나님이 **명하시고**
- 현실화 그 말씀대로 **이루어지고**
- 이름 지음 그 창조물을 **일컬으시는** 구조입니다.

창세기 1장 9-10절이 가장 전형적인 예입니다.

- 말씀 하나님이 **이르시되** 천하의 물이 한 곳으로 모이고 뭍이 드러나라 하시니

하나님 나라를 품은 공동체

- 현실화 **그대로 되니라**
- 이름 지음 하나님이 뭍을 땅이라 **부르시고** 모인 물을 바다라 **부르시니** 하나님이 보시기에 좋았더라

하나님의 창조의 언어는 하나님이 하신 말씀이 이루어지는 언어입니다. 혼돈하고 공허할 뿐 아무것도 없었던 세계에 하나님의 음성이 들려지자 그 말씀이 그대로 현실이 되는 언어(말)입니다. 하나님의 언어(말씀)에는 능력이 있습니다. 하나님이 한번 말씀하시면 그것은 그대로 이루어집니다. 우리가 가지고 있는 이 성경의 말씀은 세상을 새롭게 변화시킬 수 있는 하나님의 언어이자 이야기입니다. 그러므로 창조의 언어는 가능성이며, 하나님 나라의 비전에 대한 기대입니다.

하나님은 말씀으로 세상을 선하고 아름답게 만드셨을 뿐 아니라 하나님의 형상을 닮은 인간을 빚으셨습니다. 그리고 인간에게 이 세계를 가꾸고 생육하여 번성하라는 책무를 주셨습니다. 또한 하나님의 언어를 이어 가는 언어적 사명을 부여하셨습니다. 하나님은 창조의 능력이 오늘 우리의 언어를 통해 이루어지기를 원하십니다. 우리는 세상을 향한

하나님의 말씀과 뜻을 선포하고 그것이 현실화되도록 힘써야 합니다.

약속의 언어: 신뢰와 회복

하지만 안타깝게도 인류에 죄가 들어옴으로 인해 사람들의 언어가 담고 있던 창조성이 손상되었습니다. 창조성의 손상으로 자기중심적이며 폭력적이고 파괴적인 언어를 사용하자 관계가 깨지고 갈등이 생겨났습니다. 아담은 선악을 알게 하는 나무의 열매를 따 먹고 숨은 채로 하나님과 하와를 탓합니다. "하나님이 주셔서 나와 함께 있게 하신 여자 그가 그 나무 열매를 내게 주므로 내가 먹었나이다"(창 3:12). 하나님과 인간의 관계뿐 아니라 하나님이 서로 돕고 필요를 채워 주라며 만드신 사람과 사람의 관계마저 깨지고 말았습니다.

하나님은 이러한 인류를 향해 회복의 계획을 세우셨습니다. 그 구속의 언어는 창세기 12장에서 한 사람 아브라함에게 들려지는 것으로 시작합니다.

여호와께서 아브람에게 이르시되 너는 너의 고향과 친척과

하나님 나라를 품은 공동체

아버지의 집을 떠나 내가 네게 보여 줄 땅으로 가라 내가 너
로 큰 민족을 이루고 네게 복을 주어 네 이름을 창대하게 하
리니 너는 복이 될지라(창 12:1-2)

어느 날 노년의 아브라함(아브람)에게 들려온 하나님의
음성은 예상치 못한 뜻밖의 말씀이었습니다. 그 음성의 내
용은 크게 두 가지 약속이었습니다.

- 첫째 약속: 땅을 주겠다.
- 둘째 약속: 자녀, 즉 큰 민족을 이루게 하겠다.

첫째 약속은 땅을 네게 주겠다는 것이고, 둘째 약속은 장
차 '자녀의 축복'을 통해 큰 민족을 이루게 하겠다는 것입니
다. 아브라함의 현실을 감안한다면, 이것은 받아들이기 힘든
약속입니다. 이제는 정착해야 할 노년의 나이에 고향을 떠
나 어딘지도 모르는 땅으로 가면 그 땅을 주겠다는 것도, 자
녀를 생산할 수 있는 시기가 한참 지난 상황에서 후손의 축
복이 있을 거라는 것도 그러했습니다.

그런 점에서 이 약속은 무無를 유有로 바꾸는 하나님의

창조 언어의 다른 표현입니다. 이 약속은 아브라함의 삶에 크나큰 도전이 아닐 수 없었습니다. 아브라함의 현실에서는 도무지 존재할 수 없는 '땅'과 '후손'이 하나님의 말씀으로 존재하게 되리라는 것이었기 때문입니다. 인간 아브라함의 입장에서만 본다면, 하나님의 약속은 그 음성이 들려온 시점에서는 아직 아무것도 이루어지지 않은 상태고, 그것이 실현될 가능성마저 희박해 보였습니다. 하지만 아브라함은 그 약속의 언어에 담겨 있는 가능성을 믿고 순종했습니다. 그렇게 세상을 향한 하나님의 구속의 역사가 시작되었습니다.

약속의 언어는 회복의 언어입니다. 현재로서는 명확하게 보이지 않는 미래의 사건을 기대하는 언어입니다. 신뢰 속에서 오늘의 삶에 도전하게 만드는 언어입니다. 구약성경의 역사는 계속해서 들려오는 하나님의 약속을 믿고 따르는 사람과 현실의 장벽에 부딪혀 하나님의 약속을 신뢰하지 못하는 사람들의 이야기라 할 수 있습니다. 우리가 아브라함을 믿음의 조상이라고 부르는 것도 그가 전자를 대표하는 사람이기 때문입니다.

그리스도인의 언어는 약속의 언어, 신뢰의 언어가 되어야 합니다. 그리스도인의 언어는 과거의 잘못을 지적하고

하나님 나라를 품은 공동체

폭로하는 언어가 아닙니다. 성공한 누군가를 시기하고 모함하는 언어가 아닙니다. 그리스도인의 언어는 우리를 향한 하나님의 약속을 믿고 의지하며 그 약속이 실현될 모습을 소망하는 언어입니다.

임마누엘의 언어: 은혜와 사랑의 실천

예수님은 복음서에서 하나님 나라를 선포하셨습니다. 이 하나님 나라의 모습을 가장 강력하게 보여 주는 본문을 꼽는다면 산상수훈(마 5-7장)을 들 수 있습니다.

> 심령이 가난한 자는 복이 있나니 천국이 그들의 것임이요
>
> 애통하는 자는 복이 있나니 그들이 위로를 받을 것임이요
>
> (마 5:3-4)

산상수훈은 "복 선언"으로 시작합니다. 그런데 복이 선언되는 대상을 볼 때, 이는 현재 우리 사회의 모습을 반영하고 있지 않습니다. 세상에서 [심령이] 가난한 자와 애통하는 자가 복 있는 자라고 할 수 있을까요? [심령이] 가난한 자는 업신여김을 당하거나 무시당하기 쉽고, 애통한다는 것은 고

통 가운데 있다는 것이기에 누구나 피하고 싶은 상황일 것입니다. 따라서 예수님이 그들에게 "복이 있다"고 말씀하시는 것을 쉽게 이해하기 힘듭니다.

예수님이 선포하신 산상수훈의 복 선언은 또 다른 차원의 언어(말)를 가르쳐 주고 있습니다. 임마누엘이라는 행동 언어입니다. [심령이] 가난한 자와 애통하는 자에게 복이 있다는 말씀은 그들의 가난과 슬픔의 현실이 복되다는 것이 아니라, 고통스럽고 슬픔 속에 있는 그들과 하나님이 **함께** 하시기에 복이 있다는 뜻입니다.

함께한다는 임마누엘의 언어는 그저 말로 위로하는 것에 그치지 않고 몸으로 행동하는 것입니다. 비록 세상에서는 심령이 가난한 자들이 누구에게도 초대받지 못하지만 하나님은 그들을 천국의 주인공으로 환영해 주시고, 비록 세상은 애통하는 자를 외면할 때가 많지만 하나님은 그들의 슬픔에 가슴 아파하시며 그들과 함께하신다는 것입니다. 힘든 사람을 보신 하나님이 그들의 문제를 해결하기 위해 반드시 행동하신다는 것, 그것이 하나님 나라의 언어이자 복입니다.

누구에게나 가난한 마음, 상처와 고통이 있습니다. 차마

울 수 없어 허덕대기도 하고, 성공한 것처럼 보이지만 그 내면은 외롭고 허탈하며, 때로 의미 없는 인생, 쓸모없는 존재라는 느낌을 받는 경우도 있습니다. 이때 아버지 하나님은 마치 잃은 양 한 마리를 찾아가는 목자처럼(마 18:12) 길을 잃고 헤매는 당신, 심령의 가난으로 외면당하는 당신, 고통스러운 일로 눈물 흘리는 당신을 찾아오십니다. 실제로 하나님은 자신의 소중한 독생자 아들을 희생시키면서까지 우리 한 사람의 생명을 구원하시지 않았습니까?

임마누엘의 언어는 특별한 은혜와 고귀한 사랑을 실천하는 언어입니다. 임마누엘의 위로를 받은 우리 또한 서로에게 찾아가 위로가 되어 주어야 합니다. 예수님은 말씀하셨습니다. "내가 너희를 사랑한 것같이 너희도 서로 사랑하라"(요 13:34b). 우리는 가난과 외로움과 고난이 있는 곳으로 부르심을 받았습니다. 고통의 자리에서 사람들과 함께 있도록 말입니다.

감사의 언어: 그럼에도 불구하고

시편 중 탄식시라는 유형의 시가 있습니다. 고난의 상황에서 자신의 아픔과 서러움을 하나님 앞에 토로하는 탄식 행위가 등장하기 때문에 그런 이름을 붙였습니다. 가장 대표적인 탄식시는 시편 22편입니다.

> 내 하나님이여 내 하나님이여 어찌 나를 버리셨나이까 어찌 나를 멀리하여 돕지 아니하시오며 내 신음 소리를 듣지 아니하시나이까 내 하나님이여 내가 낮에도 부르짖고 밤에도 잠잠하지 아니하오나 응답하지 아니하시나이다(시 22:1-2)

그런데 주목할 것은 이러한 탄식시는 대부분 감사의 표현으로 마친다는 것입니다. 시의 초반에는 자신의 고통과 아픔을 절실하게 표현하는데, 시의 종반부에 가면 하나님께 감사하고 하나님을 신뢰한다는 표현으로 바뀌어 있습니다.

> 내가 주의 이름을 형제에게 선포하고 회중 가운데에서 주를 찬송하리이다(시 22:22)

기도 중에 갑자기 문제가 해결될 리 없습니다. 기도자는 자신의 억울함과 고통을 하나님께 토로하고 부당함을 탄식조로 외치고 있습니다. 하지만 이 고통과 아픔이 영원히 이

하나님 나라를 품은 공동체

어지지는 않을 것이란 믿음과 하나님이 모든 문제를 해결하시리라는 약속에 대한 신뢰 속에서 미래의 일을 앞당겨 지금 감사합니다. 성경이 말하는 감사의 언어는 자신이 바라는 모습이 이뤄진 후에 나타나지 않습니다. 현실이 힘들고 어렵지만, 그럼에도 불구하고 하나님을 신뢰하기 때문에 그분의 사랑과 약속을 믿고 희망하며 하나님을 찬양하고 감사하는 것입니다.

한편, 기도자는 "회중 가운데에서" 주님의 이름을 높이며 찬양합니다. 본래 시편은 주로 공적인 예배에서 사용되었습니다.[6] 공동체 앞에서 고통과 아픔을 내어놓을 때, 탄식이 찬양과 감사의 언어로 바뀌듯 위로와 용기를 얻게 됩니다. 하나님은 공동체 안에서 당신의 일을 펼치셔서 공동체 구성원들이 다시금 새롭게 삶을 시작하게 하십니다.

우리는 때때로 공동체에서 나 자신의 부족함, 깨어진 모습을 확인합니다. 다른 사람들과 갈등을 겪기도 하고, 원치 않는 상처를 입을 때도 있습니다. 하나님만이 주실 수 있는 사랑을 사람에게 기대하기 때문입니다. 사람에게 기대하면, 교회가 안식처와 피난처가 아니라 오히려 고통의 장소가 되고, 도저히 신뢰할 수 없는 사람들로 가득 차 있다고 느낄 수 있습니다.

하지만 나 역시 다른 이들에게 상처를 주는 데 일조할지 모릅니다. 우리는 자주 실패합니다. 그럼에도 하나님은 공동체를 통해 일하시고, 우리는 공동체에서 하나님의 사랑을 만납니다. 신앙 공동체는 때때로 서로로 인해 힘든 시간도 겪게 하지만, 홀로는 절대 경험할 수 없는 하나님의 더 큰 사랑을 확인할 수 있는 선물입니다. "당신의 사랑에 감사합니다. 덕분에 나는 하나님 사랑을 맛보았습니다. 우리는 서로에게 필요한 존재입니다. 우리를 공동체 되게 하신 하나님을 찬양합니다." 이렇게 고백하면서, 연약한 우리가 하나님께 기쁨이 되는 아름다운 공동체를 언젠가 이룰 수 있다는 희망을 가질 수 있습니다.

묵상과 토론을 위한 질문

✦ 창조의 언어는 하나님의 뜻을 현실로 이루시는 하나님의 능력에서 비롯됩니다. 내가 속한 공동체 가운데 하나님의 말씀이 이루어졌던 것이 있다면 나누어 보십시오.

✦ 약속의 언어는 왜곡되고 고통스러운 현실 속에서도 하나님의 약속을 믿고 의지하며 그 약속이 실현될 모습에 소망을 가지고 도전하게 합니다. 지금 어떤 약속의 말씀에 의지해 살아가고 있습니까?

✦ 임마누엘의 언어를 전할 때, 그 사람을 이해하고, 그의 입장에 서는 것이 중요합니다. 가장 위로가 되었던 임마누엘의 언어와 임마누엘의 언어에서 피해야 할 것이 무엇인지 옆 사람과 나눠 봅시다.

✦ 주변 사람에게 감사의 언어로 마음을 전해 봅시다.

축복의
해시태그[7]

준비: A4 용지, 필기도구(인원수에 맞게), 테이프

- 참여자들은 소모둠으로 흩어져, 자신의 이름이나 별명, 애칭 하나를 A4 용지에 작게 적고 뜻과 의미를 서로에게 소개합니다.

- 그 이름이나 별명, 애칭에 자신의 소망을 담아 재해석해 봅니다.

예시

● '꼬맹이'(어린 시절 키가 유난히 작아서)란 별명에 대해서: 복음 앞에서 늘 겸손한 꼬맹이 같은 모습으로 살고 싶습니다.

- 전체 참여자가 다시 모여 둘러앉습니다.
- 순서대로 A4 용지에 적은 이름이나 별명을 소개한 뒤, 하나님이 이 이름을 어떻게 사용하길 바라실지에 대해서 이야기합니다.
- 자신의 이름이나 별명이 적혀 있는 A4 용지를 각자 등에 붙입니다.
- 모든 참여자는 다른 참여자들의 등에 붙은 종이에 적힌 것을 확인한 후, 하나님의 마음으로 그 이름이나 별명에 대한 축복의 해시태그를 적어 줍니다. 이때, 긴 문장이 아닌 키워드 중심으로 적습니다.

꼬맹이

#사랑받는 하나님의 자녀
#존재 자체로 소중한 사람
#당신 때문에 행복해!

- 활동이 끝나면 각자 자신의 등에서 A4 용지를 떼어 어떤 말들이 적혀 있는지 확인합니다.
- 활동을 하면서 가졌던 느낌을 나눠 봅니다.

하나님 나라를 품은 공동체

✦ 하나님 나라의 이야기를 전승하는 공동체 되기

하나님은 세상을 말씀(언어)으로 창조하신 후, 인간에게 언어를 선물로 주셨습니다. 인간을 하나님과 소통할 수 있는 존재로 만드신 것입니다. 따라서 인간은 하나님이 주신 그 언어, 하나님의 언어를 사람들과의 관계 속에서 바르게 사용해야 할 책임이 있습니다.

우리는 항상 누군가와 연결되고, 어딘가에 소속되고 싶어 합니다. 나를 품어 주는 사람들, 나를 사랑해 주는 안전한 안식처를 원합니다. 그곳에서 친밀감을 느끼며 서로 신뢰하고 신뢰받고자 합니다. 이해와 사랑을 주고받는 것은 교제의 자리에서 비롯됩니다. 이 자리에서 우리는 하나님 나라의 언어로 말하며 서로를 세우고 신앙 공동체를 이루어 가야 합니다.

모세의 인도하에 광야 40년의 생활을 보낸 이스라엘 백성은 요단강 동쪽에 도착하여 이제 요단강을 건너 약속의 땅 가나안으로 들어가고자 합니다. 모세는 하나님이 약속하신 땅에서 하나님의 백성답게 살아가는 데 필요한 하나님 나라의 삶의 방식을 이스라엘 백성에게 들려줍니다.

그들(백성)에게 내 말을 들려주어 그들이 세상에 사는 날 동안 나를 경외함을 배우게 하며 그 자녀에게 가르치게 하리라 하시매(신 4:10b)

우리 또한 하나님의 백성인 우리를 성장시키고 공동체를 형성하는 하나님 나라의 이야기를 전승해야 합니다. 이를 위해 교회 공동체는 우선적으로 *1. 편히 이야기 나눌 만한 시간과 공간을 마련해야 합니다.* 요즘 현대인들은 방향과 의미를 잃은 채 몸과 마음이 분주하게 살아가기 일쑤입니다. 눈빛을 교환하고 귀 기울여 듣는 여유가 점점 사라지는 시대에, 얼굴을 마주하며 대화를 나누면서 신앙인으로서의 삶의 지혜와 경험을 공유하는 깊이 있는 만남이 더 많아져야 합니다.

2. 하나님 나라 언어의 독특성을 가르쳐야 합니다. 즉, 그 언어가 가진 창조, 약속, 임마누엘의 행동, 감사의 성격을 깨닫게 하고, 그것을 신뢰하고 기대하며 살아갈 수 있도록 해야 할 것입니다. 하나님 나라의 언어는 그리스도인들로 하여금 규범과 의무를 규정하고 부담을 주는 율법적 언어가

아니며, 현실에서 성공과 출세를 보장하는 기복적 언어도 아닙니다. 하나님 나라의 언어는 세상을 변혁시키는 창조의 언어이자 신뢰를 바탕으로 이루어지는 회복과 약속의 언어고, 우리와 함께하시는 하나님의 행동 언어며 현실의 고통과 탄식을 극복하고 희망하게 하는 감사의 언어입니다.

우리는 이러한 하나님 나라의 언어와 이야기를 마음에 새겨 삶의 방향을 조정해야 합니다. 그 이야기를 경험하고, 그 이야기로 정체성을 부여받으며, 그 이야기 공동체로 살아가야 합니다.

묵상과 토론을 위한 질문

✦ 교회 공동체 안에서는 익숙하지만 교회 밖 사람들에게는 생소한 말(언어)이 있다면 무엇인지 나눠 봅시다. 또 그 이유가 무엇인지 생각해 봅시다.

✦ 자녀나 우리 공동체에게 하나님의 말씀을 전해 준다고 한다면, 어떤 이야기를 전해 주고 싶나요? 하나님이 보내시는 편지를 상상해서 다음 페이지에 작성해 봅시다.

고귀한 나의 자녀 _____에게

하나님 나라를 품은 공동체

▶ 찬양

목수의 이야기 _작사·곡 한웅재

▶ 함께 기도합니다

입술의 열매를 창조하시는 하나님, 우리의 언어를 회복시켜 주소서.
삶이 녹록하지 않을지라도 하나님의 약속을 신뢰하며 우리를 향해
말씀하시는 주님의 음성에 날마다 귀 기울이게 하소서. 분열과 갈등
의 언어가 만연한 세상을 변화시키고, 깨지고 상처 입은 이들을 온전
하게 하는 하나님 나라의 이야기를 담대히 전하게 하소서. 예수님의
이름으로 기도합니다. 아멘.

3장

✳

예배 공동체

하나님 나라의
거룩함을 누리다

한눈에 읽기

우리는 팬데믹을 계기로 이전과 다른 예배를 경험했습니다. 특정한 시공간이 아니더라도 언제 어디서든 기기에 손만 대면 예배의 자리로 변하는 것 말입니다. 그러나 예배를 드리는 행위가 신앙생활의 전부가 아닙니다. 그리스도인은 하나님 나라의 비전을 가진 거룩한 예배자의 모습을 훈련해야 합니다. 예배 공동체는 예배 사건을 통해 하나님의 거룩한 백성으로 변화되고 성장하는 장입니다. 건강한 신앙 공동체는 예배하는 가운데 하나님 나라의 비전에 한마음으로 감동되어 그 비전을 일상의 거룩과 연결시킵니다.

키워드

#공동체_영성 #거룩을_살다 #예배에서_일상으로

연관 설문

'교회의 건강성 측정을 위한 조사' 공동체 차원 4, 6번

하나님 나라의
거룩함을 누리다

"그러므로 형제들아 내가 하나님의 모든 자비하심으로
너희를 권하노니 너희 몸을 하나님이 기뻐하시는
거룩한 산 제물로 드리라 이는 너희가 드릴 영적 예배니라"

로마서 12:1

✛ 지상에서 천상을 느끼는 감격

참 아름다워라 주님의 세계는

저 솔로몬의 옷보다 더 고운 백합화

주 찬송하는 듯 저 맑은 새소리

내 아버지의 지으신 그 솜씨 깊도다

참 아름다워라 주님의 세계는

저 아침해와 저녁놀 밤하늘 빛난 별

망망한 바다와 늘 푸른 봉우리

다 주 하나님 영광을 잘 드러내도다

참 아름다워라 주님의 세계는

저 산에 부는 바람과 잔잔한 시냇물

그 소리 가운데 주 음성 들리니

주 하나님의 큰 뜻을 나 알듯 하도다

모두가 잘 아는 찬송, 「참 아름다워라」는 미국의 시인이자 목회자였던 몰트비 뱁콕M. Babcock이 지은 시입니다. 그는 본래 전문 음악인을 꿈꾸던 청년이었으나, 하나님이 지으신 이 세계가 세상에서 가장 아름다운 음악이라는 것을 깨닫고 자연을 노래하는 시인이 되었습니다. 그는 산책을 나설 때마다 아내에게 "지금 내 아버지의 세계를 보러 갑니다"라고 말했다고 합니다. 이 시의 원제목이 "This is My Father's World(이것이 내 아버지의 세계랍니다)"였다는 것을 보면, 뱁콕에게는 하루하루가 살아계신 하나님을 느끼는 임재의 경험이었을 거라고 짐작할 수 있습니다.

옆의 그림은 작자 미상의 판화 「플라마리옹」입니다.[1] 작

하나님 나라를 품은 공동체

작가 미상, 「플라마리옹 판화」*Gravure sur bois de Flammarion.*

품 밑에는 "중세의 한 선교사가 하늘과 땅이 만나는 지점을 찾았다고 한다"라고 적혀 있습니다. 그림 속의 사람은 지상의 세계를 넘어 천상의 세계를 바라보며 놀라고 있습니다. 아마도 지상의 경계를 넘어 천상의 세계를 발견한 감동과 경이로움을 표현하고자 한 것 같습니다.

어쩌면 「참 아름다워라」의 시인 뱁콕이 경험한 것도 이 것이 아닐까 생각합니다. 그리스도인은 지상의 세계에서 하나님의 세계를 느끼며 감동과 경이로움을 가지고 살아가는 사람들입니다. 그리고 교회는 지상의 세계와 초월적 세계의 경계를 이루고 있는 지점이라 할 수 있습니다. 예배는 그리스도인들이 이 세계의 경계선을 경험하는 시간입니다. 예배당은 하나님의 음성(말씀)이 지상의 세계를 향해 선포되고, 그분의 임재를 경험한 자들이 새로운 삶을 결단하는 자리입니다.

✦ 예배: 거룩함의 사건

성도가 함께 드리는 예배는 하나님 앞에서 공동체의 삶을 표현합니다. 하나님과 하나님 나라의 비전을 간직한 그리스도인들이 만나는 자리이자 하나님 나라를 함께 고백하고 찬양하며 체험하는 시간이기 때문입니다.

예배학자 로버트 웨버Robert Weber는 예배를 하나의 "사건"이라고 봅니다. 즉, 그리스도인이 참여하는 예배 가운데 "무슨 일이 일어난다"는 것입니다. 예배란 하나님의 임재를 경험하는 사건, 다시 말해서 하나님의 거룩함이 드러나는 사건입니다. 때로 구별된 시공간에서, 때로 일상의 평범한

하나님 나라를 품은 공동체

자리에서 드리는 예배 가운데 그리스도인들에게는 두 가지 상반되는 현상이 **동시에** 일어납니다. 곧, 그 거룩함으로 인해 두려워 떨며 하나님으로부터 물러서는 현상과 그 거룩함에 몰입되어 하나님을 향해 이끌려 나가는 현상입니다. 한편으로는 나의 모습과 질적으로 차이가 있는 거룩함 앞에서 고개를 들지 못하고 내 죄를 고백하며 물러서는 모습이 나타나는가 하면, 질적 차이가 있음에도 불구하고 부족한 나를 용서하고 받아 주시는 하나님의 거룩함에 매혹되어 고개를 들어 그분께 가까이 나아가는 적극적인 모습이 나타나는 것입니다.

성경은 하나님의 사람들이 하나님과 만나는 예배의 사건을 통해 하나님 나라의 거룩한 백성으로 변화되고 성장해 가는 것을 잘 보여 줍니다.

돌단: 일상의 자리에서 드렸던 거룩한 예배

성경 속에서 예배는 언제나 하나님을 특별하게 만나는 사건의 자리였습니다. 야곱은 아버지의 장자 축복을 가로챈 뒤 하란으로 도망치던 길에 노숙을 하게 됩니다. 두려움에 떨던 그는 쪼그리고 누워 돌을 베개 삼아 잠을 청합니다(창

28:10-11). 하나님은 그런 야곱의 꿈에 나타나셔서 야곱과 늘 함께하신다는 약속을 하셨습니다. 야곱은 잠에서 깨어 그 자리에 돌단을 쌓고 하나님께 예배를 드립니다.

야곱은 도망치는 중에 두려워 떨며 잠을 청한 일상의 자리에서 하나님의 임재(거룩)를 경험하게 되었고, 그곳을 거룩한 곳, 벧엘(하나님의 집)이라고 부르게 되었습니다(창 28:19).

성막: 구별된 자리에서 드렸던 거룩한 예배

모세의 인도하에 이집트를 떠난 이스라엘 백성은 그들과 동행하시는 여호와 하나님을 기억하고 예배하기 위해 성막을 짓습니다(참조. 출 26:1-37). 광야는 힘든 고난과 역경으로 가득한 생활공간이었습니다. 하지만 이스라엘 백성은 그 역경의 상황 속에서도 성막을 지어 하나님이 임재하시는 거룩한 장소로 구별하였습니다. 그곳에서 예배하며 광야라는 고난의 현실이 인생의 전부가 아니라는 것을 기억하고자 했습니다. 그로 인해 자신들의 삶의 중심에는 거룩하신 하나님이 임재해 계시고, 그 하나님이 자기 백성을 인도하고 보호하신다는 위로와 확신을 가질 수 있었습니다.

하나님 나라를 품은 공동체

성막은 거칠고 험한 삶의 자리에서 하나님이 임재하시는 구별된 공간을 기억하고 예배하게 하는 거룩한 장소였습니다.

성전: 구별된 자리, 구별된 시간에 드렸던 거룩한 예배

이스라엘 민족은 광야 생활 40년이란 긴 세월을 보낸 뒤, 가나안에 정착하여 국가를 건설했습니다. 이후 예루살렘에 성전을 건립하고 그 성전을 중심으로 살아갔습니다. 성전 중심의 생활을 뒷받침해 준 것은 이스라엘의 절기 문화였습니다. 그들은 안식일이란 시간을 거룩하게 구별하였고, 유월절, 맥추절, 초막절의 특별 절기를 구별하여 성전에 모여 하나님을 예배하였습니다.

성막이 광야를 떠돌던 이스라엘 백성에게 구별된 공간의 거룩함을 제공하였다면, 성전은 국가를 이루어 정착해 살아가는 이스라엘 백성에게 일상으로부터 구별된 거룩한 시간(절기)을 제공하였습니다. 성전 중심의 예배는 바쁘게 돌아가는 일상 속에서 거룩한 하나님의 존재를 기억하고 시간의 일부를 구별하여 거룩한 시간적 존재가 되게끔 하는 예배 공동체를 위한 훈련이었습니다.

성찬: 일상을 거룩하게 드리는 예배

복음서에는 예수님이 우리에게 가르쳐 주신 특별한 예배의 모습이 있습니다. 바로 성찬입니다. 성찬을 통해서 교회 공동체는 예수 그리스도의 몸과 피를 공유합니다. 그리스도로 말미암아 구원받은 존재, 새로운 몸 된 공동체임을 확인하는 것입니다. 이처럼 부활하신 예수 그리스도의 몸과 피를 경험하는 사건을 통해서 하나님 나라의 도래를 기대합니다.

사실 예수님이 제자들과 나누신 만찬은 유월절 절기란 점을 제외하면 당시 유대인들의 일상적인 식탁의 모습이었습니다. 그리스도의 몸과 피를 상징하는 빵과 포도주는 특별한 것으로 보기 어렵습니다. 즉, 일반적이고 일상적인 자리를 예수님이 아주 특별하고 거룩한 자리로 만드신 것입니

하나님 나라를 품은 공동체

다. 제자들은 만찬의 의식으로 진정한 하나님 나라의 복음을 맛보았고, 하나님 나라가 공동체의 삶 가운데 임재하는 경험을 하게 되었습니다. 이 예식은 지극히 일상적인 것인 동시에 아주 특별한 것이었습니다. 예수님은 거룩한 임재가 일상의 자리에서 구체화되는 것임을 보여 주셨습니다.

✦ 하나님의 임재 경험과 그 경험의 일상으로의 확장

예배학자 돈 샐리어즈Don E. Saliers는 공적 예배의 목적이 하나님을 영화롭게 하고, 거룩하신 분을 향해 우리 자신과 세상을 그분의 뜻을 따라 변화시켜 가는 데 있다고 했습니다.[2] 그리스도인에게 예배란 신앙생활의 중심입니다. "사슴이 시냇물을 찾듯이" 하나님을 만나고자 하는 영적 갈급함이 그리스도인을 주님 앞으로 이끌고 예배의 자리로 나아가게 합니다. 그리고 예배와 찬송 가운데 임재하시는 하나님으로 인해 그리스도인들은 영혼이 충만해지고 새로워지는 경험을 하게 됩니다. 죄를 고백하고 주님 앞에서 기쁨과 평화를 누리며 거룩한 삶으로의 변화를 결단하는 일들이 일어나게 됩니다.

사도 바울은 로마서 12장에서 우리의 몸을 그리스도를 향한 거룩한 존재로 드리라고 권면합니다. 거룩한 존재로서 세상을 살아가라는 말씀입니다. 이것은 세상 사람들과 철저히 분리된 삶을 살라는 것이 아닙니다. 세상과 어울리지 말라는 것도 아닙니다. 로마서는 당시 가장 거대하고 세속적인 도시였던 로마의 그리스도인들에게 보낸 편지입니다. 바울은 그곳의 그리스도인들에게 그 도시를 떠나라고 명령하는 것이 아니라 로마라는 세속적인 공간에서 살아갈 수밖에 없지만, 그리스도의 흔적(거룩)을 유지하며 살아가기를 권면하고 있는 것입니다.

그리스도인들은 세상 가운데에서 거룩한 존재로 살아가야 합니다. 이것은 혼자 감당하기에 불가능한 사명입니다. 그래서 교회가 존재하고, 그리스도인들이 공동체로서 살아가는 것입니다. 그리고 사명을 감당하기 위해 하나님 나라의 비전을 간직한 예배자의 모습을 훈련해야 합니다.

'교회의 건강성 측정을 위한 조사' 결과인 「한국교회 건강성 분석 리포트」를 보면, 상당수의 그리스도인들은 하나님의 임재를 경험한 예배에 긍정적인 답변을 주고 있습니다(76.9점). 그리고 그 임재의 경험이 일상적 삶으로 연결되어야 한다는 것에 공감하고 있습니다. 안타까운 것은 교회를 떠난 가나안 성도의 경우, 과거 예배 가운데 하나님과의 만남의 경험이 부족한 것으로 드러난다는 점입니다(56.9점). 하지만 일반 성도(85점)나 가나안 성도(72.7점) 모두 예배의 경험이 예배당에만 제한되는 것이 아니라 예배당을 나와 파송받는 일상적인 영역으로 확장되어야 한다는 의견에 높은 점수를 주고 있습니다.[3]

공적 예배의 시작은 '부름'이며, 마지막은 '파송'입니다. 예배 공동체는 예배자로 부름받아 거룩한 하나님의 임재를 경험하며 그 거룩함의 경험이 일상에까지 확장되어야 할 과제를 가지고 세상 한가운데로 파송받습니다.

• 예배와 하나님의 임재 경험,
그리고 삶으로의 확장에 관한 설문조사(100점 기준) •

■ 교회 출석자　■ 가나안 성도

• 나는 우리 교회 예배 가운데 하나님의 임재를 경험한 적이 있다

76.9

56.9

• 우리 교회는 공적 예배뿐 아니라 하나님의 뜻에 따라 살고자 하는
  삶의 예배도 매우 중요하게 여긴다

85.0

72.7

하나님 나라를 품은 공동체

✦ 하나님을 만나는 구별된 자리 혹은 일상의 자리가 있습니까?

✦ 공동체의 예배 가운데 회복되어야 할 것이 있다면 말해 봅시다.

✦ 우리 교회는 공적 예배와 함께 하나님의 뜻을 따라 살고자 하는 삶의 예배도 중요하게 여기고 있습니까? 그것이 왜 중요한지 생각해 봅시다.

✦ 신비, 일상의 거룩함에 대한 깨달음

어느 날, 돈 샐리어즈는 학생들과 '성찬의 의미'라는 주제로 기도하고 묵상하는 시간을 가졌습니다. 모임 중에 식사와 관련해서 소중한 추억이 있는지 물었습니다. 대부분의 학생들은 특별한 기억을 떠올리지 못했는데, 한 학생이 추수감사절에 조부모님 집에서 식사하던 추억을 수줍게 꺼냈습니다. 마치 바로 며칠 전의 일인 듯 주변의 분위기, 맛있게 먹은 음식, 서로 나눈 대화들을 생생하게 전해 주었습니다. 그리고 끝에 한마디를 덧붙였습니다. "그것이 조부모님과 나눈 마지막 식사였어요."

그 말을 들은 모두가 숙연해졌습니다. 한 시간 정도 모임이 계속되는 동안 엄숙한 분위기가 이어졌습니다. 다른 어떤 이유에서가 아니라 무언가 거룩한 것이 각 사람의 마음에 와닿았기 때문입니다. 모임을 마무리하며 빵과 포도주를 나누었습니다. 평소와 다름없이, 아니 오히려 더욱 소박하게 진행되는 성찬이었지만 무언가 달라졌습니다. 감사의 기도, 포도주를 따르고 빵을 찢어 나누는 몸짓, 서로를 바라보는 눈빛 같은 것들 말입니다. 빵과 포도주를 나누는 일이 새로운 의미로 채워졌습니다. 한 학생이 이렇게 말했습니다. "이 모임에서 무엇을 하려고 했는지 알게 되었습니다. 신비를 발견하는 것이었어요."[4]

✛ 일상에서 하나님의 신비와 경이를 발견하기

성경은 끊임없이 일상 속에서 신비를 발견하는 사건을 전해 줍니다. 야곱이 벧엘에서, 세겜과 얍복강에서, 모세가 호렙

하나님 나라를 품은 공동체

산과 시내산에서 하나님을 만난 것처럼 말입니다. 이스라엘 백성은 애굽을 탈출하고 홍해를 건너며 하나님과의 경이로운 만남을 갖게 되었습니다.

예수님의 제자들은 변화산에서 예수님이 광채를 발하며 모세와 엘리야를 만나는 모습을 보았습니다. 그런데 야곱과 모세, 이스라엘 백성이 하나님을 만난 후 하나님의 뜻과 비전을 향하여 끊임없이 나아간 반면, 제자들은 신비를 경험한 그곳에 머무르고 싶다고 말합니다. 미래를 앞당기는 것이 아니라 초막을 지어 신비를 경험한 과거에 안주하고자 했습니다(마 17:4; 막 9:5; 눅 9:33). 이때 예수님은 이러한 특정한 장소만이 아니라 언제, 어디서나 하나님을 예배하고 만날 수 있다고 말씀하셨습니다(요 4:21).

우리의 모습은 어떠합니까? 예술가들의 작품에서 신성한 감동을 느낄지언정 반복되는 신앙생활에 지루함을 느끼고 회의감에 빠져 있지는 않습니까? 하나님의 아름다우심은 세상 어디에나 가득하지만, 그것을 자각하고 느낄 수 있는 자질을 가지기란 쉽지 않습니다. 마이클 프로스트Michael Frost는 경이감을 느끼는 것도 영적 훈련이 필요하다고 말합니다.[5]

경이감을 느끼지 못하는 이유	경이감을 더 자주 느낄 수 있는 방법
• 실용적인 학문과 훈련, 성취에만 지나친 관심 • 자기 자신과 필요에 대한 지나친 몰입 • 엄격한 지적 판단과 평가	• 이성과 체험의 균형을 찾고자 노력하는 자세 • 감사하는 마음 • 겸손한 태도 • 순수함의 회복

　예수님도 일상에서 신비와 경이를 발견하셨습니다. 들의 백합화를 바라보며 인간을 보살피시는 하나님의 사랑을 우리에게 일깨워 주셨습니다. 아이들의 해맑은 웃음에서 겸손을 보셨고, 작은 겨자씨에서 하나님 나라를 발견하셨습니다.

　영국의 작가 체스터턴G. K. Chesterton은 영원히 끝나지 않는 영적이고도 심리적인 과업은 익숙한 것들이 낯설어질 때까지 응시하는 법을 배우는 것이라고 하였습니다. 우리는 하나님의 거룩하심에 늘 눈과 귀를 열어 놔야 합니다. 일상뿐 아니라 하나님의 신비를 발견한 기억이 담긴 책, 곧 성경의 이야기가 오늘 우리에게 이어져야 합니다. 말과 몸짓, 노래와 예배를 통해 "성경에 나타난 역사, 이야기, 선지자의 글, 사도들의 증언, 그리고 믿음의 공동체의 확장된 기억을 삶으로 살아 내야 합니다." 그것은 하나님께 우리의 삶을 개

하나님 나라를 품은 공동체

방하는 것입니다.[6]

"쾌활한 믿음을 계속 유지할 수 있는 이유는 한없이 끈질긴 부드러움과 유머 덕분입니다. 부드러움이 일상 곳곳에 스며들어 있다는 것은 믿음이 모든 평범함을 다스리고 있다는 표식입니다. 요리, 사소한 대화, 이야기, 사랑하기, 낚시, 동물과 옥수수와 꽃 돌보기, 스포츠, 음악, 책, 자녀 양육 등 양념이 스며들고 은혜가 빛을 발하는 모든 영역에서 말입니다."

– 게리슨 케일러Garrison Keillor

생각의 편지

일상의 빵, 거룩한 나눔

빵과 포도주를 나누는 감동

○○님, 어떻게 지내시는지요? 요즘 ○○님의 건강이 좋지 않다는 이야기를 전해 들었습니다. 좀 괜찮으신지요? 제가 며칠 전에 특별한 이야기를 하나 듣게 되었습니다. ○○님과 그 이야기의 감동을 나누고 싶어 이렇게 글을 띄웁니다.

○○님도 아시다시피 성찬 예식은 그리스도인들에게 아주 특별한 예식입니다. 이천 년이라는 시공간의 간격을 넘어서 예수 그리스도가 우리와 여전히 함께하신다는 것을 드

하나님 나라를 품은 공동체

러내고 고백하는 거룩한 예식이기 때문입니다. 성찬에 참여할 때마다 그리스도의 살과 피가 죄로 가득한 나의 살과 피와 하나 된다는 생각에 저는 뭐라고 말할 수 없는 감동과 기쁨에 사로잡히게 됩니다. 사실 빵과 포도주를 나누는 것은 당시 유대인들의 식탁에서 언제나 볼 수 있던 모습입니다. 그런 점에서 성찬은 지극히 일상적인 행위지요. 예수님은 이러한 지극히 일상적인 행위를 통해 그의 제자들이 매일의 삶에서 거룩한 구원의 경험, 새 생명의 기쁨을 기억하고 체험할 수 있게 하셨던 것입니다.

빵을 나눈다는 것

이제 제가 전해 들은 이야기를 해 드리겠습니다. 어느 마을에 작은 빵집이 하나 있었습니다. 마을 사람들은 매일 이곳을 찾아와 빵을 사 갔습니다. 이 빵집의 주인은 선량한 사람이었습니다. 하지만 사람들이 이곳에서 빵을 사는 이유는 단지 주인이 선량하기 때문은 아니었습니다. (…) 대부분의 사람은 빵집 주인을 지혜롭고 아주 친절하다고 생각했습니다. 심지어 어떤 사람들은 그를 선지자라고 생각하기도 했습니다. 빵집 주인은 빵이 단순히 사람의 배를 부르게 하는 것이 아니라는 것을 알고 있었습니다.

어느 날 마을의 버스 운전사가 우연히 빵집을 들르게 되었습니다. 그 운전사의 얼굴을 본 빵집 주인은 말했습니다. "힘든 일이 있는 것처럼 보이는군요." 버스 운전사가 대답했습니다. "어린 딸 때문에 걱정입니다. 그 아이가 어제 그만 이층 창문에서 떨어졌답니다." 곧이어 빵집 주인이 아이의 나이를 물었고, 버스 운전사는 대답했습니다. "겨우 네 살입니다."

그러자 빵집 주인은 빵을 하나 집어 들고서는 둘로 쪼갠 뒤에 한 조각을 버스 운전사에게 주며 말했습니다. "저와 함께 빵을 나눕시다. 당신과 당신의 딸을 기억하겠소."

버스 운전사는 그런 일을 처음 겪었지만 빵집 주인이 빵을 건네며 한 말이 무슨 뜻인지 금세 알 수 있었습니다. 두 사람은 빵 한 조각씩을 나눠 먹었습니다. 그리고 잠시 아무 말도 하지 않은 채 병원에 있을 아이를 떠올렸습니다.

처음엔 버스 운전사와 빵집 주인 두 사람뿐이었습니다. 얼마 후에 한 여성이 빵집으로 들어왔고, 여성이 빵을 주문하려고 하자 빵집 주인은 빵 한 조각을 떼어 그 여성의 손에 건네주며 말했습니다. "어서 오십시오. 우리와 함께 빵을 나

하나님 나라를 품은 공동체

눕시다. 이분의 어린 딸이 심하게 다쳐서 병원에 입원 중입니다. 창문에서 떨어졌다는군요. 네 살밖에 안 됐답니다. 우리가 이분이 혼자가 아니라는 것을 알게 해 줬으면 합니다."

여성은 빵 한 조각을 받아 두 사람과 함께 먹었습니다.

사랑의 나눔

○○님, 이 이야기를 듣고 난 후 저는 예수님이 우리에게 이 예식을 가르치시며 함께 빵을 나누라 하신 의미를 새롭게 깨달을 수 있었습니다. 예수님은 그리스도인들 한 사람 한 사람의 일상의 순간에, 우리가 남몰래 아파하고 눈물 흘리는 고통의 순간에까지 함께하시리라고 약속하신 것입니다. 심지어 그리스도를 모르는 사람들에게조차 예수님이 그들의 삶에 함께하시니 결코 혼자 힘들어하거나 불안해하지 말 것을 보여 주신 것입니다. 모든 인류의 구체적인 어려움과 고통 속에 예수 그리스도가 사랑으로 함께하신다고 말씀하십니다.

오늘 저도 ○○님과 빵을 함께 나누며 기도하고 싶습니다. ○○님이 질병과 고통 가운데 혼자 있지 않다는 것을 말씀드리고 싶습니다. ○○님의 어려움을 저와 주변의 지체들이 기억하고 있음을 잊지 마십시오. 그리고 무엇보다 예수 그리스도의 십자가 사랑과 은총이 ○○님과 함께하고 있다는 것을 기억하셨으면 합니다.

존경과 사랑을 담아 드림

하나님 나라를 품은 공동체

생각의 편지 연계 활동

사랑과 기도의
빵 나누기

준비: 빵(큰 것), 빵을 담을 그릇, 식탁보, 잔잔한 음악

- 원형으로 중앙을 바라보고 앉습니다. 함께 찬양을 부르는 동안 [맡은 이가] 각 모둠의 중앙에 식탁보를 깔고, 그 위에 빵을 담을 수 있는 접시를 올려놓습니다.
- 인도자는 "생각의 편지"의 빵집 이야기를 참여자들에게 들려줍니다.
- 인도자는 참여자들에게 함께 나눌 기도 제목을 정하도록 합니다.

• 인도자는 다음과 같이 말하며 빵을 나누는 활동을 시작합니다.

"이제 우리는 좀 전의 이야기처럼 서로 빵을 나누며 서로를 위해 기도하는 시간을 갖고자 합니다. 서로에게 있었던 기쁜 일도 좋고, 힘든 문제도 좋습니다. 함께 나누고 그것을 위해 기도합시다."

• 참여자 중 한 사람이 중앙으로 나와 자신의 상황과 기도 제목을 말합니다.
• 인도자는 이야기한 사람의 걱정과 아픔이 그 사람만의 것이 아니고 우리의 걱정이고 아픔임을 말합니다. 그리고 빵을 함께 나누자고 초청합니다.

"여기 ○○형제/자매에게 [   ] 한 걱정(혹은 아픔)이 있습니다. ○○의 아픔은 ○○만의 아픔이 아니고, 우리 모두의 아픔입니다. 이제 함께 빵을 나눕시다. 주님의 몸을 통해 우리가 형제자매의 아픔을 기억하도록 하겠습니다."

• 인도자는 빵을 떼어 한 사람 한 사람에게 나누어 주면서 "○○를 위

하나님 나라를 품은 공동체

해서 기도해 주십시오"라고 말합니다. 받는 사람은 "○○의 아픔은
나의 아픔입니다"라고 말하며 받습니다.

- 빵을 받은 사람은 빵을 먹은 뒤 10초가량 침묵 속에서 기도합니다.
- 위의 활동을 반복하여 진행합니다.
- 활동이 끝나면 함께 찬양 「사랑의 나눔」을 여러 번 부르며 마칩니다.

✛ 일상을 거룩하게 하는 예배 공동체 되기

유대인은 일상적인 식사조차 성스러운 의식으로 여기곤 합니다. "주님은 위대하며 선하신 분입니다. 이 음식을 주신 주님께 감사합시다"라며 식사 기도를 한 후, 음식이 주님이 베푸신 선물이고 식사는 성스러운 예식이라고 축사합니다. 그리고 식탁에 둘러앉은 사람들과 우정을 나누며 주님께 나아갑니다.

하나님이 광야에서 이스라엘 백성에게 메추라기와 만나를 주신 것처럼, 음식은 하나님이 매일 우리에게 주시는 놀라운 선물입니다. 하나님이 기르고 자라게 하신 것들을 먹고 마시면서, 우리는 주님의 선하심과 위대하심을 경험합니다. 그 신비의 자리에서 우리는 하나님의 형상이 깃든 다른 사람, 가족이나 공동체와 함께 식사를 나눕니다. 평범한 음식, 평범한 사람들과 나누는 평범한 대화는 모두 주님을 만나는 길입니다.[7]

또한 함께하는 식사는 환대와 우정을 의미합니다. 우리는 하나님의 사랑과 환대에 반응하며 그 환대를 세상 가운데 나타냅니다. 그래서 이 자리는 그리스도인 공동체의 핵심입니다. 고대 근동 사회에서는 가족의 식탁에 초대하는 것을 평생 우정의 관계를 맺겠다는 징표로 여겼습니다. 아브라함은 낯선 세 사람을 정성껏 대접했고, 예수님은 이 땅에 계시는 동안 사람들과 함께 먹고 마시며 끝까지 그들을 사랑하셨습니다. 그리고 자기를 위해 재물을 쌓아두는 대신에 밖으로 나가 가난한 사람들, 장애가 있고 앞을 보지 못하는 사람들을 잔치에 초대하라고 하셨습니다(눅 14:13). 유월절의 마지막 식사에서도, 부활하신 후 엠마오로 향하는 길에서도 예수님은 "떡을 떼어" 나누어 주셨습니다.

식사를 이러한 관점으로 접근하면, 교회에서 밥을 먹거나 거리의 배고픈 이들을 초대하고, 자선단체에 후원금을 보내 음식을 나누는 행위 등을 다른 시선으로 바라볼 수 있습니다. 그 안에 담긴 **거룩함**, 곧 일상의 신비와 환대, 우정의 의미를 찾을 수 있게 됩니다.

초대교회에서는 부자와 가난한 자, 여자와 남자, 헬라인과 유대인이 모두 믿음의 공동체 안에서 동등하게 주님의 식탁에 참여했습니다. 때로 박해를 피해 떠도는 이들, 전도하다 지친 이들이 찾아오는 것을 환영했습니다. 세상 속 그리스도인이라는 새로운 정체성을 유지하기 위하여 함께 음식을 나눴습니다. 물론 실패도 있었습니다. 바울은 함께하는 식탁의 의미를 알지 못하는 고린도 교인들을 책망했습니다.

여러분이 분열되어 있으니, 여러분이 한 자리에 모여서 먹어도, 그것은 주님의 만찬을 먹는 것이 아닙니다(고전 11:20, 표준새번역).

단순히 먹는 것의 문제가 아닙니다. 누군가 굶주리는 동안 누군가는 자기[만의] 식사를 하면서 거룩한 주님의 식탁과 공동체를 망쳐 버리고 있었던 것이 문제입니다.[8] 그러나 깨져 버린 공동체를 치유하는 힘도 이 식탁에 있습니다. 욕망과 탐욕을 동력 삼아 살아가는 시대에, 우리는 거룩한 예배가 마음에서 마음으로, 손에서 손으로 이어지도록 해야 합니다.

> "그분은 자신이 세상을 위한 빵이라 하셨습니다. (…) 배가 고픈 이가 한 조각 빵을 얻어 이를 감사한 마음으로 먹는 것은 '식사'입니다. 배가 고픈 이가 한 조각 빵을 얻어 감사한 마음으로 빵이 없는 이와 나누는 것은 '성사(거룩한 예식)'입니다."[9]
>
> - 윌리엄 윌리몬William Willimon

묵상과 토론을 위한 질문

✦ 익숙한 일상이 어느 순간 전혀 다르게 느껴지거나 공동체의 활동 속에서 신비, 거룩함을 경험한 적이 있나요?

✦ 음식이 주님의 선물이고 식사가 신성한 것이라면, 우리는 이것을 어떻게 대해야 할까요? 식탁의 거룩한 의미를 깨뜨리는 오늘날의 문화를 찾아봅시다.

✦ 우리 교회가 거룩한 공동체의 의미를 지키기 위해 노력할 것은 무엇인가요?

✦ 신앙의 거룩함을 구체적으로 실천하기 위한 많은 움직임과 노력이 있습니다. 알고 있거나 직접 경험한 일이 있다면 나눠 봅시다.

▶ 찬양

사랑의 나눔 _작사 · 곡 미상

▶ 함께 기도합니다

찬양받기에 합당하신 하나님, 우리 마음의 중심이 거룩한 성전이 되시는 예수 그리스도께 향하게 하소서. 하나님의 백성으로서 예배 가운데 기쁨을 누리며 삶의 식탁에서 그리스도의 놀라운 사랑 이야기를 살아갈 수 있도록 은혜를 더하여 주소서. 예수님의 이름으로 기도합니다. 아멘.

하나님 나라를 품은 공동체

4장

제자 공동체

하나님 나라의
방식을 훈련하다

한눈에 읽기

그리스도인은 하나님 나라의 비전을 따라 하나님 나라의 언어가 삶이 되고 거룩한 예배가 일상으로 구체화되도록 힘써야 합니다. 그리고 제자 공동체로 훈련되어야 합니다. 성숙한 신앙인도 세상의 숱한 유혹과 시련 앞에서 때로 무너질 수 있습니다. "빨리 가려면 혼자 가고 끝까지 가려면 함께 가라"는 말처럼 믿음의 실천도 삶에서 지속되기 위해서는 공동체가 함께 노력하는 것이 필요합니다. 공동체의 거룩한 습관은 그 공동체의 정체성을 형성하며 하나님 나라의 비전을 실제로 이루는 중요한 힘이 됩니다.

키워드

#제자도를_훈련하다 #아비투스 #거룩한_정체성

연관 설문

'교회의 건강성 측정을 위한 조사' 공동체 차원 8번, 사회구성원 차원 36번

하나님 나라의
방식을 훈련하다

"말씀하시되 나를 따라오라
내가 너희를 사람을 낚는 어부가 되게 하리라 하시니
그들이 곧 그물을 버려 두고 예수를 따르니라"

마태복음 4:19-20

✢ 아비투스의 변화

앨런 크라이더Alan Kreider는 책 『초기 교회와 인내의 발
효』The Patient Ferment of the Early Church에서 이런 말을 합니다.

"[초대교회] 외부인들에게 일차적으로 중요했던 것은 그리
스도인들이 하는 말이 아니었다. 그들을 당황하게 만들고

회심시켰던 것은 그리스도인들이 행하고 구현하는 것이었다. 그리스도인들을 흥미롭고 도전적이고 살펴볼 만한 가치가 있는 존재로 만들었던 것은 그들의 아비투스Habitus, 즉 현실을 인식하는 다른 방법이 있음을 암시하는 그들의 반사적 행동과 삶의 방식이었다."[1]

사람은 사회적 존재입니다. 평생을 주변 사람들과의 유대 속에서 살아갑니다. 사람은 이러한 사회적 영향을 통해 많은 것들을 배우고 습득하며 정체성과 삶의 방식을 갖게 됩니다. 우리가 습관 혹은 버릇habit이라고 부르는 아비투스

하나님 나라를 품은 공동체

는 사람들이 사회적 영향 속에서 형성하는 습관, 현실을 인식하는 성향, 문제에 대처하는 삶의 방식 등을 말합니다.

아비투스: 프랑스 철학자 피에르 부르디외Pierre Bourdieu가 제시한 사회학 용어로, 쉽게 말하면 다른 사람과 나를 구별 짓는 습관이나 취향 같은 것입니다. 사회적 지위나 가정 문화 같은 주변 환경에 오랜 시간 영향을 받아 생깁니다.

초대교회 그리스도인들은 그리스도인 됨의 기준을 지적 깨달음이나 회심의 차원에 두지 않고, "반사적 행동과 삶의 방식"의 변화에 두었다고 합니다. 그래서 초대교회는 공동체에서 아비투스(습관)의 형성과 변화를 위해 최선의 노력을 기울였습니다. 세례도 이러한 차원에서 이해되었습니다. 물의 도움으로 과거의 허물과 잘못된 행동의 흔적들이 깨끗이 씻겨 나가고 새로운 존재로 탄생하는 순간이었습니다.

하지만 초대교회는 결코 한 번의 세례가 새로운 존재의 탄생, 아비투스의 변화로 이끈다고 보지 않았습니다. 따라서 끊임없는 훈련과 연습을 통해 성장을 도모하였습니다. 신앙

교육과 예배, 기도, 성찬도 그리스도인의 아비투스를 기르기 위한 노력이었습니다. 신앙교육(교리교육)의 목적은 신앙의 내용이나 교리를 암기하는 것이 아니라 가르침과 성도의 교제를 통해 그리스도인이 갖춰야 할 삶의 태도와 방식을 기르는 데 있었습니다. 또 예배는 고난과 박해에도 불구하고 그리스도인의 새로운 아비투스가 발현되고 실현되는 장이라고 여겼습니다.

이처럼 초대교회가 그리스도인의 아비투스에 깊은 관심을 기울인 것은, 그리스도인이 세상 속에서 세상 사람들과 함께 살아가지만 그리스도인으로서 고유하고 독특한 존재로 살아가야 한다는 의식 때문입니다. 초대교회 그리스도인들의 아비투스를 소개하는 앨런 크라이더는 초대교회 공동체가 로마 사회의 탄압과 박해에도 불구하고 두 가지 원리의 공동체적 노력을 기울였다고 합니다.

1. **토착화의 원리.** 그리스도인은 세상의 문화 속으로 들어가야 한다는 것입니다. 그 세상 문화의 관습과 이해 안에서 그리스도인의 새로운 삶과 표현을 찾아야 합니다.

2. **순례자의 원리.** 그리스도인은 세상의 순례자들입니다.

하나님 나라를 품은 공동체

세상의 문화 안에서 살아가지만 세상에 동화되지 않고 세상 가운데서 그리스도인의 독특한 길과 가르침을 드러내야 한다는 것입니다. 세상의 문화를 비판할 수 있어야 하고, 세상의 문제점을 극복할 수 있는 대안적 삶을 제시할 수 있어야 합니다. 그래서 초대교회는 다음과 같은 독특한 모습을 세상에 드러냈다고 합니다.

- 사업상 거래 과정에서 인내를 드러내는 방식을 찾으려 했습니다.
- 성적 순결에 헌신했습니다.
- 남성들만의 공동체를 넘어 남성과 여성, 아이들과 노인들의 공동체가 되었습니다.
- 퇴마[2]와 치유 등 영적 치유를 통해서 온전한 삶의 회복을 경험했습니다.
- 가난한 사람들을 돌봤습니다.
- 어떤 상황에서도 사람의 목숨을 빼앗는 행위를 금하는 인내를 보였습니다.
- 자발적인 참여를 종용했지 강요하지 않았습니다.

> 세상의 아비투스는 무리를 지으며 불평등과 차별을 만들어 냅니다. 하지만 기독교의 아비투스는 그리스도인의 성숙과 공동체의 성장을 통해 세상 속에 하나님 나라를 뿌리내리도록 합니다.

✛ 아비투스 형성을 위한 신앙 교육훈련의 요청과 현실

'교회의 건강성 측정을 위한 조사' 결과인 「한국교회 건강성 분석 리포트」를 살펴보면, 그리스도인들이 건강하다고 긍정적으로 평가하는 교회일수록 복음적인 가치관과 세계관에 대한 교육 및 훈련을 진행하고 있다는 것을 알 수 있습니다(83.4점). 상대적으로 자신이 속한 교회가 건강하지 못하다고 여기는 그리스도인들은 이에 대해 현저하게 낮은 점수를 주었습니다(61.2점).

자신이 속한 교회가 건강하다고 긍정적으로 평가하는 그리스도인들은 교회가 그리스도인들의 일터에도 지속적인 관심을 가지고 있다고 여기며, 그리스도인들이 모범적인 일터문화를 만들어 갈 수 있는 교육과 훈련이 있다고 응답했

하나님 나라를 품은 공동체

• 그리스도인의 삶의 실천을 위한
교회 공동체의 교육과 훈련 여부(교회 출석자, 100점 기준) •

출석교회 건강성 ■ 건강 ■ 보통 ■ 비건강

- 우리 교회는 변화하는 세상의 문화와 가치관을 복음적으로 이해할 수
  있는 기독교 세계관을 가르친다

83.4
66.1
61.2

- 우리 교회는 성도들이 일터에서 자신이 가진 지위, 권한, 능력을
  사용하여 모범적인 직장을 만들어 가도록 가르치고 있다

82.2
68.9
61.2

• 그리스도인다운 직장 생활(1+2순위, %) •

■ 3040세대 그리스도인

• 직장에서 윤리적, 도덕적으로 사는 것
 63.3

• 직장에서는 직장인으로 최선을 다할 뿐 기독교인다운 것은 없다
 43.0

• 직장에서 도움을 필요로 하는 사람을 돕는 것
 40.1

• 탁월한 업무 성과를 내기 위해 노력하는 것
 16.6

• 회사에서 비윤리적인 지시를 했을 때 거부하는 것
 12.3

• 회사에서 타종교/무속(굿, 고사) 행사를 하면 참석하지 않는 것
 9.6

• 직장에서 술, 담배를 하지 않는 것
 8.6

• 직장에서 전도를 하는 것
 6.6

목회데이터연구소·실천신대·21세기교회연구소·한국교회탐구센터, 2022년 11월 1~7일, 만 30~49세 기독교인 700명 패널 대상으로 온라인 조사(1+2순위).

하나님 나라를 품은 공동체

습니다(82.2점). 이와 반대로 자신이 속한 교회가 건강하지 못하다고 평가한 그리스도인들은 자신이 속한 교회가 성도들의 일터에 대한 관심과 복음적 일터를 만들기 위한 교육 및 훈련에 소극적이라고 평가했습니다.

결국 건강한 교회는 그렇지 않다고 평가받은 교회에 비해 상대적으로 그리스도인들로 하여금 복음적 가치관과 세계관이 무엇인지를 지속적으로 가르칠 뿐만 아니라, 성도의 일터에도 지속적인 관심을 보이며 일터문화에 대한 교육과 훈련을 시행하고 있는 것으로 나타났습니다.

'그리스도인다운 직장 생활'에 관한 조사는 3040세대 그리스도인들이 일터에서 그리스도인으로서의 정체성(아비투스)을 어떻게 이해하고 있는지 알려 주고 있습니다. 대부분의 3040세대 그리스도인들은 일터에서 그리스도인답게 산다는 것을 도움이 필요한 사람을 돕거나 비윤리적인 업무를 거부하는 것을 포함해 윤리적이고 도덕적인 자세를 유지하는 것으로 생각하고 있습니다(1, 3, 5위). 물론 3040세대 그리스도인들 중에 직장인으로서의 자아와 그리스도인으로서의 정체성이 연관성이 없다고 응답한 경우도 적지 않았습니다(2위, 43%).

주목할 점은 과거 그리스도인의 정체성과 비교하면 차이가 있다는 것입니다. 과거에는 일터에서 예배 프로그램을 만든다거나 동료들 전도에 힘쓰겠다는 의견이 적지 않았습니다. 그런데 현재 3040세대 그리스도인들은 그리스도인다움을 교리적인 관점이나 전도적 자세보다는 이웃과 사회에 대하여 윤리적이고 도덕적인 삶, 그리고 배려하는 태도로 인식하고 있다는 것입니다.

✛ 신앙의 아비투스

교회 공동체는 하나님 나라 비전을 함께 나누고 실천하는 신앙 공동체입니다. 신앙 공동체로서 교회는 제자 공동체로 훈련되어야 합니다. 많은 그리스도인들은 신앙을 규범으로 생각하곤 합니다. 하지만 사도 바울에 따르면 신앙은 규범이 아니라 능력입니다. "이 복음은 모든 믿는 자에게 구원을 주시는 하나님의 능력이 됨이라"(롬 1:16b). 그리스도인의 신앙이란 하나님의 말씀에 순종해야 하는 신앙, 기도해야 하는 신앙이 아니라 하나님의 말씀에 순종할 수 있는 신앙, 기도할 수 있는 신앙을 말합니다.

들을 수 있는 마음: 솔로몬의 아비투스

솔로몬은 지혜로운 사람의 대명사로 불리곤 합니다. 아버지 다윗을 이어 이스라엘의 왕위에 오른 솔로몬의 상황을 자세히 들여다보면 그가 얼마나 두려웠을지 상상할 수 있습니다.

아버지 다윗은 온 이스라엘이 존경하는 위대한 왕이었습니다. 어린 나이에 블레셋의 장수 골리앗을 물리칠 만큼 용맹스런 장수이기도 했습니다. 이렇게 위대한 아버지를 이어 이스라엘을 통치해야 하는 솔로몬의 책임은 이만저만 큰 것이 아니었습니다. 이스라엘로 쳐들어오려고 호시탐탐 기회를 엿보는 주변 국가들도 부담스러웠을 것입니다. 그런 청년 왕 솔로몬의 꿈에 하나님이 나타나셔서 말씀하십니다. "내가 네게 무엇을 줄꼬 너는 구하라"(왕상 3:5b).

하나님의 요구에 솔로몬이 응답한 내용은 참으로 놀랍습니다. "누가 주의 이 많은 백성을 재판할 수 있사오리이까 듣는 마음을 종에게 주사 주의 백성을 재판하여 선악을 분별하게 하옵소서"(왕상 3:9). 솔로몬이 구한 것은 금은보화도, 부귀영화도 아니었습니다. 솔로몬은 하나님께 '듣는 마음'을 구했습니다. 그가 구한 것은 일종의 삶의 '태도', 곧 하나님의 음성에 귀 기울이는 마음가짐이었습니다. 솔로몬은 왕으로서 판결을 바르게 하기 위해서 자신의 지혜를 의지하기보다는 하나님의 지혜(계명)에 귀 기울일 수 있는 마음을 구했던 것입니다. 그런 점에서 '듣는 마음'은 솔로몬이 원했던 왕으로서의 삶의 태도이고, 그가 간직하고자 했던 일생의 습관이라 할 수 있습니다.

제자 공동체는 하나님 말씀을 듣고 다른 이들의 이야기에 귀 기울이는 '들을 수 있는 마음'의 아비투스를 형성해야 합니다.

신앙의 아비투스를 만들어 가다: 십계명

모세와 함께 이집트를 탈출한 이스라엘 백성은 시내산에서 하나님과 언약을 맺습니다. 여호와 하나님은 이스라엘의 하나님이 되시고, 이스라엘은 하나님의 백성으로 살겠다는 약속이었습니다.

하나님은 이러한 약속을 실천할 수 있는 구체적인 열 개의 계명, 곧 십계명을 이스라엘 백성에게 선물로 주셨습니

하나님 나라를 품은 공동체

다. 십계명의 내용은 크게 두 가지로 요약할 수 있습니다. 하나님만을 사랑하는 것(1-4계명)과 이웃을 네 몸처럼 사랑하라는 것(5-10계명)입니다. 여기에 이러한 계명을 준수할 수 있는 구체적인 생활의 태도, 이스라엘 백성으로서 간직해야 할 삶의 습관이 두 가지 포함되어 있습니다. 그것은 하나님을 사랑하기 위한 안식일(주일)의 습관(4계명)과 이웃사랑의 근본인 부모에 대한 공경과 사랑의 습관(5계명)입니다. 안식일의 습관은 여호와를 이스라엘의 하나님으로서 섬길 수 있게 하는 가장 기본 되는 삶의 습관이었고, 부모 공경의 습관은 주변 이웃을 가족처럼 여기며 살아가는 태도를 자연스레 익힐 수 있는 사회적인 습관의 기본이었습니다.

잘못된 아비투스를 거절하다: 예수 그리스도의 시험

예수님은 공생애를 시작하기 전, 사탄으로부터 세 가지 시험(마 4:1-11; 눅 4:1-13)을 받으셨습니다. 사실 예수님이 받으신 세 가지 시험은 현대 그리스도인들이 삶에서 언제든지 만날 수 있는 대표적인 유혹에 속합니다.

예수님이 받으신 세 가지 시험은 굶주림에 대한 유혹, 영예와 인기에 대한 유혹, 부와 권력에 대한 유혹입니다. 사람들은 정직하고 성실하게 살아가다가도 커다란 시련과 고난이 닥치면, 세상 유혹에 떠밀려 진실함과 성실함을 잃어버리고 세상의 거짓된 모습으로 퇴행하는 습관이 있습니다. 그리스도인들조차 큰 시련 앞에서 신앙을 잃어버리고 세상 유혹을 이기지 못하곤 합니다. 예수님은 이러한 퇴행적 습관에서 벗어나 오로지 하나님의 말씀과 능력에 의지하는 삶의 태도, 신앙적 습관을 보여 주셨습니다.

우리가 진정한 그리스도인으로 거듭나기 위해서는 굶주림, 영예와 인기, 그리고 부와 권력에 대한 유혹 앞에서 퇴행적 습관으로 빠져드는 것을 극복하고, 예수 그리스도의 모범을 따라 하나님의 말씀과 하나님 나라의 소망에 근거한 거룩한 습관을 형성해야 합니다.

신앙의 아비투스 형성이 필요하다

솔로몬은 왕으로서의 책임을 감당하기 위해 하나님의 말씀(계명)에 귀 기울이는 습관을 원했습니다. 하나님은 이스라엘 백성이 하나님의 백성다운 모습으로 거듭날 수 있도록, 즉 하나님 사랑과 이웃 사랑의 습관을 형성하도록 십계명을 훈련시키셨습니다. 아울러 예수님은 세상의 문화와 가치의 유혹에 떠밀려 가는 퇴행적 습관이 아닌, 하나님 말씀에 순종하는 길을 친히 보여 주셨습니다.

우리는 팬데믹의 터널을 지나면서 그동안 지켜 왔던 신앙의 전통과 습관들 중 많은 것들이 사라지는 모습을 바라보고 있습니다. 전통적으로 유지되었던 습관의 변형이 우리 신앙의 핵심에도 변화를 주고 있다는 것을 깨닫습니다. 그런 점에서 신앙의 태도 형성에 주목하여 **거룩한 습관**을 기르도록 힘써야 할 때입니다.

> "내가 공동체적 습관의 일부가 될 때 나는 책임을 지는 사람인
> 동시에, 다른 사람들에게 책임을 요구할 수 있는 사람이 된다."
> – 알래스데어 매킨타이어Alasdair MacIntyre

묵상과 토론을 위한 질문

✦ 솔로몬 왕이 갖추고자 했던 아비투스는 듣는 마음이었습니다.
듣는 마음을 실천하기 위해 우리는 무엇을 해야 할까요?

✦ 십계명은 노예 생활에서 벗어난 이스라엘 백성에게 어떤 변화를 요구했나요? 오늘 우리에게 요구되는 변화는 무엇일까요?

✦ 예수님이 받으신 시험 중에서 지금 내가 견디기 가장 힘든 것은 무엇인지 나누어 보십시오.

✧ 우리 교회 공동체는 신앙의 아비투스 형성을 위해 어떤 노력을 기울이고 있나요?

하나님 나라를 품은 공동체

신앙 공동체의
아비투스 연습

준비: A4 용지, 필기도구

- 모든 참여자가 둘러앉습니다.

- 각자 가지고 있는 고민거리나 스트레스, 크고 작은 문제 상황을 한 가지씩 솔직하게 나눠 봅시다(상사에게 핀잔을 들은 상황, 자녀가 말을 듣지 않는 상황, 지인과의 불화 등).

- 구성원 모두가 함께 고민했으면 하는 문제 상황을 한두 가지 정합

니다.

- 모든 참여자는 종이를 받은 후, 종이를 삼등분합니다.

- 삼등분된 각 부분에 "나의 대처 방식", "하나님 나라의 방식", "교회 공동체의 연습"이라고 적습니다.

나의 대처 방식	하나님 나라의 방식	교회 공동체의 연습

- "나의 대처 방식"에는 앞서 적은 문제 상황에서 평소 자신이 대처하는 방식을 적습니다. 각자 적은 내용을 발표하며 공유합니다.

- 다음으로 "하나님 나라의 방식"에 그 문제 상황에 대한 성경의 가르침은 무엇인지 생각해 적어 봅니다. 각자 적은 내용을 발표하며 공유합니다.

- 전체 참여자를 소모둠으로 나누고 각자 적은 내용을 가지고 그리스도인으로서 앞으로 어떻게 대처해야 할지 조별로 연습 과제를

하나님 나라를 품은 공동체

정합니다. 그리고 그 내용을 "교회 공동체의 연습" 부분에 적습니다.

예시

● "아이가 떼쓰더라도 버럭 화내지 않겠습니다."

· 모든 참여자가 모여서 모둠별로 나눈 이야기를 발표하고 서로 격려
  해 줍니다.
· 공동체가 모일 때마다 연습 과제가 잘 지켜지고 있는지 나누고 서
  로 격려합니다.

생각의 편지

은총의 문화

그리스도인에게 은총의 의미

○○님, 얼마 전 그리스도인다운 삶의 방식이 무엇인지 고민된다는 말씀을 하셨지요? 그리스도인으로 산다는 것이 일반 사람들의 삶과 어떤 차이가 있는 것인지 모르겠다는 고민도 털어놓으셨습니다. 맞습니다. 저도 우리가 배운 하나님 나라의 방식이 세상 사람들의 방식에 어떤 대안책을 마련해 줄 수 있을까 고민하곤 합니다. 그러던 중 얼마 전에 읽은 책에서 기독교 신앙이 현대인의 삶의 대안일 수 있다

하나님 나라를 품은 공동체

는 희망을 보게 되었습니다.

○○님은 기독교 신앙의 덕목 중 가장 중심이 되는 것이 무엇이라고 생각하십니까? 기독교 신앙의 핵심 교리는 은총(은혜)이 아닐까 싶습니다. 하나님의 아들이신 예수 그리스도의 십자가의 은총으로 말미암아 우리 스스로는 도저히 사함 받을 수 없는 죄로부터 구원을 받았으니 말입니다. 이러한 은총 사상이 하나님 나라 백성이 지니고 있는 핵심 가치라 할 수 있습니다. 그러면 이 은총의 사상을 공동체 안에서 어떻게 구현하며 훈련해 나갈 수 있을까요?

시장의 관계

○○님, 선물 좋아하십니까? 미국의 시민운동가 피트 데이비스Pete Davis는 『전념』Dedicated이란 책에서 현대문화를 대표하는 "시장市場 관계"에 맞서는 "선물 관계"를 제안하고 있습니다.[3]

현대인의 인간관계는 철저하리만큼 시장 관계에 근거하고 있습니다. 예를 들면, 노동자로서 우리는 한 회사를 위해 우리의 시간과 재능을 제공하고, 회사로부터 그에 상응하는 재화(돈)를 제공받습니다. 받은 재화를 음식점이나 백화점에 주면, 그 가치에 상응하는 음식이나 의복 등을 살 수 있습니다. 내가 가진 재화(돈)로 내가 원하는 것을 사고, 또 다른 사람으로부터 재화를 받아 내가 가지고 있는 가치와 물건을 파는 관계, 그것이 시장 관계입니다.

○○님도 아시겠지만, 시장 관계는 철저히 효율성에 의해서 유지됩니다. 시장 관계에서는 상응하는 가치와 노력, 수고를 주고받기 때문에 서로를 향해 고마움을 느끼는 경우가 거의 없습니다. 내가 준 만큼 받고, 받은 만큼 노력하는 관계입니다. 엄밀히 말해서, 시장 관계는 서로에게 돈이 오고 가는 일회적-단발적 관계이지, 지속적인 책임과 헌신을 요구할 수 없는 관계입니다. 상대방으로부터 내 노력과 성과에 상응하는 가치와 효과를 제공받았다고 하더라도, 차후 나의 성과가 효과적이지 않다면 이 관계는 언제든지 중단될 수 있기 때문입니다.

은총의 관계

하지만, ○○님, 그리스도인에게는 은총의 관계, 선물의 관계가 있습니다. 선물은 시장에서 주고받는 시간이나 물건과 같은 것일 수 있지만, 선물로 맺어진 관계는 전혀 다른 차원

하나님 나라를 품은 공동체

의 의미를 갖습니다.

선물을 받으면 관계에 미묘한 변화가 생깁니다. 선물 관계에서는 시장 관계에서처럼 돈이 오가지 않음에도 서로를 이전보다 가깝게 여기면서 공동체성과 상대방에 대한 책임감을 느끼게 됩니다. 선물은 양적 가치(가격)를 넘어 질적 가치(관심과 사랑)로 변환되며, 그것은 다시 상대방을 향해 순환되면서 지속적인 신뢰와 헌신의 관계로 변화시킵니다. 다시 말해서, 누군가로부터 선물을 받으면 그 사람에게 고마움을 느끼게 되고, 언젠가 그 사람에게 나도 선물을 해야겠다는 마음(책임감)을 갖게 됩니다.

이러한 고마움과 책임감은 그 사람과 지속적인 관계를 유지하게 만들고, 서로를 향한 헌신의 관계(공동체성)로 이끌어 갑니다. [비록 선물을 자주 주고받는 상황이 아니더라도] 서로를 소중히 여기며 함께 어울려 교감하고 헌신하는 지속적인 신뢰 관계가 만들어집니다.

○○님, 바로 이것이 선물이 제공하는 관계입니다. 시장 관계와 유사한 면이 있으면서도 너무나 다른 관계라고 생각되지 않습니까?

사명: 은총의 습관

○○님, 이 선물 관계가 기독교 신앙에서 말하는 하나님의 은총에서 비롯되었다는 것을 우리는 잘 알고 있습니다. 시장 관계가 주를 이루는 세상에서 그리스도인다운 관계를 발전시킬 수 있는 방법은 메마른 시장 관계를 선물 관계로 승화시키는 것입니다. 시장 관계는 목표를 달성하기 위한 수단에서 비롯된 것이지만, 선물 관계는 은총Gabe을 삶의 방식이자 습관으로 연결시키는 통로입니다. 이미 그리스도인은 선물, 곧 하나님으로부터 값없이 구원의 은총을 받았습니다(엡 2:8). 그러므로 교회는 이미 받은 선물의 가치를 서로 나누며 살아야 할 사명Aufgabe이 있습니다. 우리는 그 은총의 사명을 습관, 우리의 아비투스로 승화시켜야 합니다.

존경과 사랑을 담아 드림

하나님 나라를 품은 공동체

✤ 건강한 신앙 공동체의 아비투스

한때, 신앙서적 한 권이 미국과 한국의 많은 그리스도인들에게 커다란 영향을 끼쳤던 적이 있습니다. 인상적인 제목으로 주목을 받았던 릭 워렌Rick Warren 목사의 『목적이 이끄는 삶』The Purpose Driven Life입니다. 새들백 교회를 담임하고 있는 워렌 목사는 『목적이 이끄는 삶』 외에도 『목적이 이끄는 교회』와 『목적이 이끄는 양육 101』 등의 양육 교재를 통해 소위 '건강한' 공동체를 세워 가고자 노력했습니다. 그리하여 새들백 교회를 지탱하고 있는 세 개의 축이 세워지는데, 바로 '건강한 신앙인,' '건강한 교회,' '건강한 소그룹 공동체'입니다.

사실 워렌 목사는 목회를 시작하기 전에 성도들 스스로 자신의 영적 성숙을 책임질 수 있는 방법을 오랫동안 연구했습니다. 그 결과, 그것을 가능하게 하는 유일한 방법은 믿음의 습관을 실천하는 것이라는 결론에 도달하였습니다. 복음의 실천을 훈련하면 스스로 움직여 그리스도를 따르는 수준에 이르게 될 것이라고 믿었던 것입니다.

오랜 숙고 끝에 워렌 목사는 몇몇 신도들을 성경 모임의

지도자로 세우고 매주 집에서 모임을 가졌습니다. 그런데 소그룹 구역 모임은 잘 진행되었지만 여전히 뭔가 부족하다고 느꼈습니다. 성경 이야기는 잠깐이고 자녀나 세상 이야기로 나머지 시간을 보내는 경우가 대부분이었기 때문입니다.

이 모임은 친교를 위한 것이 아니었습니다. 그리스도인들 스스로가 믿음의 작은 공동체에서 그리스도의 가르침 대로 살도록 서로 격려하고, 삶의 중심에 신앙을 세우는 것이 목표였습니다. 워렌 목사는 성경에 대해 이야기하고 함께 기도하며 믿음을 실천하는 새로운 습관의 필요를 느꼈습니다. 결과적으로 오늘날 새들백 교회 활동의 95%는 주중에 그 작은 공동체들을 통해 이루어지고 있다고 해도 과언이 아닙니다.

새들백 교회는 신자들이 경건의 습관을 갖도록 세 단계로 훈련을 진행했습니다.[4]

1. 전 교인을 하나 되게 하는 연대감과 공동체 의식. 워렌 목사는 자신의 설교가 신앙생활을 오래한 신자부터 초신자, 새신자까지도 아우를 수 있기를 바랐습니다. 그래서 모든 성도가 이해하기 쉬운 일상적인 주제로 접근하였습니다. 새들백 교회가 지향하는 하나님 나라의 비전을 현실과 연결시

하나님 나라를 품은 공동체

켜서 성도들이 일상생활 속에서 적용할 수 있도록 한 것입니다. 매주 예배에 참석하는 2만 명 이상의 교인들이 서로 알기는 불가능했지만 예배에서 선포되는 교회의 비전이 이들을 하나의 공동체로 묶고 하나님 나라를 향한 공동체 의식을 갖게 하였습니다.

2. **소수 교인들 간의 친밀한 우정과 연대감.** 일단 새들백 교회의 구성원이 되면 주일 예배를 드리는 동시에 소그룹 공동체에 소속되어야 합니다. 모든 교인에게 개인적인 격려를 줄 수 있고 영적 성장의 필요를 채우는 것은 소그룹을 통해서만 가능하다고 믿기 때문입니다. 수많은 작은 공동체 중에 동질감을 느끼는 하나의 소그룹을 택할 수도 있고, 원하는 사람과 새로운 공동체를 만들 수도 있습니다. 주일 예배를 통해 전 교인의 공동체 의식이 형성된다면, 주중에는 소그룹으로 만나면서 우정을 쌓고 끈끈한 연대감을 갖도록 했습니다.

3. *새로운 습관과 정체성 형성.* 마지막으로, 새들백 교회 성도들은 자연스럽게 성경에 대해 이야기하고 함께 기도하

며 믿음의 습관을 실천하도록 서약합니다. 이것은 영적 훈련인 동시에 일상적인 습관에 대한 것입니다. 자신이 속한 공동체 문화에 맞게 교재를 선택하여 모임을 진행하고, 작은 섬김의 역할들을 감당함으로써 영적 소비자적인 사고를 변화시키며 공동체에 책임 의식과 주인 의식을 가지게 됩니다.

워렌 목사는 교회 공동체의 성도들 스스로가 자신의 영적 성장을 책임지게 했고, 필요한 신앙의 습관들을 만들어 새로운 정체성을 형성하도록 했습니다. 믿음대로 사는 법을 스스로 깨닫고 그렇게 살도록 새로운 습관을 심어 주었습니다. 그러자 성도 간의 우애는 서로를 결속시키고, 신앙의 새로운 습관은 공동체의 정체성을 재조정하고 형성할 수 있었습니다. 새로운 습관과 정체성은 하나님 나라의 비전을 향하여 모두가 함께 한 걸음 한 걸음 나아가도록 하는 강력한 힘이 되었습니다.

✦ 하나님 나라의 방식으로 살아가는 제자 공동체 되기

신앙 공동체의 아비투스는 나와 공동체, 그리고 세상에 유익이 됩니다. 곧, 하나님 나라의 방식대로 행하는 습관은 공동체를 세우고 구성원 개인을 성장시키면서, 나아가 세상의 샬롬과 번영에 기여합니다.

하나님 나라는 공중에 붕 떠 있는 추상적이고 관념적인 것이 아닙니다. 세상에서 구체적으로 드러납니다. 그러므로 우리는 매일의 삶 속에서 하나님 나라의 방식대로 살아가기를 요청받습니다.

예수님은 어부였던 시몬 베드로에게 "사람을 낚는 어부가 되게 하리라"고 하셨습니다. 베드로는 예수님이 거리에서 사람들을 만나고, 먹고 마시며, 때로 분노하시고 때로는 기뻐하시며, 눈물을 흘리기도 하신 지극히 소소한 일상을 함께하면서 제자의 아비투스를 조금씩 훈련해 나갔습니다. 그리고 예수님의 부활과 승천 이후, 삼 년간 몸에 스며든 습관은 "예루살렘과 온 유대와 사마리아와 땅 끝까지" 이르러 주님의 증인이 되게 했습니다. 스티븐 가버Steven Garber는 말합니다.

"우리는 모든 장소, 모든 사람을 위한 일상의 리듬으로 이 세상 일터에서 살아간다. 가정에서, 동네에서, 학교에서, 논

밭에서, 병원에서, 사업장에서. 또한 우리의 소명은 평범한 사람들이 행하는 평범한 일과 함께 묶여 있다. 우리는 역사의 활시위를 가르는 거창한 화살들이 아니다. 오히려 은혜 덕분에 한 줌의 소망이 될 뿐이다."[5]

제자 공동체가 해야 할 일은 거창하고 대단한 것, 하나님 나라의 큰일이 아닙니다. 우리는 평범한 나날로 파송을 받았습니다. 삶의 자리에서, 매일 반복되는 일상의 작은 일들 안에서 하나님 나라의 방식으로 살아가는 것을 통해 우리는 제자 공동체가 되어 갈 수 있습니다.

묵상과 토론을 위한 질문

✦ 나는 세상 속 그리스도의 제자로서 어떤 아비투스를 가지고 있습니까? 내게 필요한 신앙의 아비투스에 대해 이야기 나눠 봅시다.

✧ 우리 공동체에서 신앙 습관으로 정착시키면 좋을 것을 생각해 보고, 그 이유와 함께 나누어 봅시다.

하나님 나라를 품은 공동체

✣ 교사, 직장인, 의사, 주부, 군인 등 각자 자신의 직업과 직분을 대입하여 "○○야, 내가 너로 사람을 낚는 ○○가 되게 하리라"는 예수님의 음성에 귀 기울여 봅시다. 그리고 내가 속한 일터에서 따라야 할 제자의 아비투스가 무엇인지 생각해 보고 그렇게 살도록 결단합시다.

▶ 찬양
형제의 모습 속에 보이는 _작사·곡 박정관

▶ 함께 기도합니다
하나님, 우리에게 있는 죽음의 방식들을 떠나게 하소서. 우리 공동체 가운데 주님을 따르는 새로운 습관, 새로운 능력, 새로운 비전을 발견하며 부활하신 주님과 함께 이웃을 향해 새로운 생명의 길로 가게 하소서. 예수님의 이름으로 기도합니다. 아멘.

주

소개의 글

1 에버하르트 아놀드, 김순현 옮김, 『공동체로 사는 이유』*Warum wir in Gemeinschaft leben*(서울: 비아토르, 2018), 175.

1장 비전 공동체: 하나님 나라의 비전에 설레다

1 존 에버렛 밀레이, 「롤리의 소년시절」*The Boyhood of Raleigh*, 1870년, 런던 테이트 브리튼 갤러리. https://commons.wikimedia.org/wiki/File:John_Everett_Millais_(1829-1896)_-_The_Boyhood_of_Raleigh_-_N01691_-_National_Gallery.jpg

2 제임스 스미스, 박세혁 옮김, 『습관이 영성이다』*You Are What You Love*(서울: 비아토르, 2018), 147.

3 한국교회 희망 프로젝트 엮음, "한국교회 건강성 분석 리포트", 『하나님 나라, 공동선, 교회』 72, 78.

4 『2021 개신교인 인식조사 통계분석 자료집』 한국기독교사회문제연구원, 122. 2022년 1월 19일~2022년 1월 24일, 만 19~69세 기독교인 1,000명

대상으로 패널을 활용한 온라인 조사. 한국교회 이미지의 긍정적 변화를 위해 필요한 것을 물었을 때, 응답자들은 시대에 맞는 비전 제시(29.9%), 구제와 봉사의 강화(19.0%), 예배·교육·양육 등 기본 사역의 강화(14.8%), 비대면/온라인 신앙생활을 위한 시스템의 확충(14.3%), 개교회 중심주의에서 벗어난 교회 간의 연합(12.9%), 전체 한국교회를 이끌어 갈 리더십(6.0%) 순으로 답했습니다.

5 배종석 외, 『건강한 교회, 이렇게 세운다』(서울: IVP, 2008), 71-80.

6 Ernest Hemingway, *The Old Man and the Sea*(London: Jonathan Cape, 1957), 117. 굵은 글씨는 저자의 강조입니다.

2장 이야기 공동체: 하나님 나라의 언어로 말하다

1 자와할랄 네루, 곽복희·남궁원 옮김, 『세계사 편력 1』*Glimpses of World History*(서울: 일빛, 2004), 17.

2 한병철, 최지수 옮김, 『서사의 위기』*Die Krise der Narration*(파주: 다산초당, 2023), 129.

3 한국교회 희망 프로젝트 엮음, "한국교회 건강성 분석 리포트", 『하나님 나라, 공동선, 교회』 79.

4 C. S. 루이스, 햇살과나무꾼 옮김, 『나니아 연대기』*The Chronicles of Narnia*(서울: 시공주니어, 2005), 581.

5 이하의 내용은 저자 고원석의 책, 『현대 기독교교육 방법론』(서울: 장로회신학대학교출판부, 2018)의 137-52의 내용을 수정하였습니다.

6 트렘퍼 롱맨 III, 한화룡 옮김, 『어떻게 시편을 읽을 것인가』*How to Read the Psalms*(서울: IVP, 1989), 59.

7 비블리오드라마 교육연구소, 『비블리오드라마 활용과 실제』(서울: 인터에세, 2019), 85.

3장 예배 공동체: 하나님 나라의 거룩함을 누리다

1 이 그림은 1888년에 출판된 프랑스 천문학자 카미유 플라마리옹(Camille Flammarion)의 책에 수록되어 '플라마리옹 판화'라고 불립니다. Camille Flammarion, *L'Atmosphère*(Paris, 1888), 163. https://commons.wikimedia.org/w/index.php?curid=318054

2 단 샐리어즈, 김운용 옮김, 『거룩한 예배』*Worship as Theology*(서울: 예배와 설교 아카데미, 2010), 351.

3 한국교회 희망 프로젝트 엮음, "한국교회 건강성 분석 리포트", 『하나님 나라, 공동선, 교회』 72-73.

4 돈 샐리어스, 이광희 옮김, 『예배의 감각』*Worship Come to Its Senses*(서울: 비아, 2022), 32-33.

5 마이클 프로스트, 홍병룡 옮김, 『일상, 하나님의 신비』*Eyes Wide Open*(서울: IVP, 2002), 168-84.

6 돈 샐리어스, 『예배의 감각』 6-8.

7 윌리엄 윌리몬, 정다운 옮김, 『오라, 주님의 식탁으로』*Sunday Dinner*(서울: 비아, 2021), 20-21.

8 위의 책, 98.

9 위의 책, 145.

4장 제자 공동체: 하나님 나라의 방식을 연습하다

1 앨런 크라이더, 김광남 옮김, 『초기 교회와 인내의 발효』*The Patient Ferment of the Early Church*(서울: IVP, 2021), 100.

2 오늘의 상황에서 바라보면 이상하게 생각되는 "퇴마는 교리 문답 과정처럼 시간표가 짜인 교육 과정의 계획된 일부"였습니다. (…) "그런 일이 일어날 때, 그것들은 파란만장함의 느낌, 즉 하나님을 예배하는 사람들의 경

하나님 나라를 품은 공동체

험 속으로 신적 존재가 깨뜨리고 들어온다는 느낌을 초래했습니다. 그것들은 놀라운 일, 즉 하나님의 기적적인 역사였습니다. 그리스도인들은 그것을 자신들을 향한 하나님의 성실하심의 표현으로 여겼습니다." 위의 책, 196-97.

3 피트 데이비스, 신유희 옮김, 『전념』*Dedicated*(서울: 상상스퀘어, 2022). 아래의 내용은 이 책 232-49의 내용을 발췌, 요약한 것입니다.

4 찰스 두히그, 강주헌 옮김, 『습관의 힘』*THE POWER OF HABIT*(서울: 갤리온, 2012), 322-31.

5 Steven Garber, *Visions of Vocation*(Downers Grove, IL: InterVarsity Press, 2014), 189. 티시 해리슨 워런, 백지윤 옮김, 『오늘이라는 예배』 *Liturgy of the Ordinary*(서울: IVP, 2019), 144-45에서 재인용.

하나님 나라를 품은 공동체

초판 1쇄 발행 2024년 7월 31일

기획 한국교회 희망 프로젝트
글쓴이 고원석 · 김지혜
펴낸이 임성빈
책임편집 김지혜

펴낸곳 크리쿰북스
등록 2017년 3월 17일 제25100-2017-000017호
주소 03721 서울시 서대문구 성산로 527(대신동), B1
전화 02-743-2535 팩스 02-743-2532
이메일 cricumorg@naver.com

한국교회 희망 프로젝트 linktr.ee/bh2030
문화선교연구원 cricum.com

ISBN 978-89-967383-6-7 04230
ISBN 978-89-967383-3-6 (세트)

ⓒ 크리쿰북스 2024